La pulga

Juguete cómico en cuatro actos

Yevgueni Zamiatin

Archivos Vola
removiendo el acervo
www.archivosvola.es

Traducción: Andrés Fierro
Publicada originalmente en
Teatro cómico soviético
Aguilar, de Ediciones, Madrid, 1968

ISBN: 978-84-128026-1-0
Depósito legal: ~~M 11307~~ 2024

Impreso en España

Hijo de un sacerdote ortodoxo y de una pianista, Yevgueni Ivánovich Zamiatin (1884-1937) creció cerca de Moscú, antes de trasladarse en 1902 a San Petersburgo para estudiar ingeniería naval. Ahí se hizo ateo y marxista, uniéndose a la facción bolchevique del Partido Obrero Socialdemócrata de Rusia.

En diciembre de 1905, durante la revolución iniciada ese mismo año, fue detenido junto con otros bolcheviques mientras estaban reunidos. Liberado en la primavera de 1906, fue obligado al exilio interior, confinado en una zona agraria.

No pudiendo soportar la mentalidad de los campesinos, devotos ortodoxos, huyó a San Petersburgo y luego a Helsinki -capital por entonces del Gran ducado de Finlandia-, donde permaneció escondido. En 1911 fue nuevamente detenido y enviado al exilio interior.

En 1913 fue amnistiado, permitiéndosele regresar a San Petersburgo, donde terminó sus estudios de ingeniería.

YEVGUENI ZAMIATIN
(Lebedián, 1884 - París, 1937)

En marzo de 1916, se trasladó a Newcastle para participar en la construcción de rompehielos en sendas navieras británicas.

Volverá a San Petersburgo poco antes de la revolución de Octubre, para sumarse al furor literario que la misma suscitará, escribiendo, enseñando literatura en el Instituto Politécnico de San Petersburgo y participando de distintas iniciativas y comités oficiales.

Pero, ya desde 1918, empezará a distanciarse del conformismo inducido por el Partido Bolchevique y del incipiente totalitarismo soviético.

Entre 1920 y 1921 escribirá la novela *Nosotros*, esa "utopía al revés", como la calificó Aldous Huxley, que inaugura el género distópico y por la que se le conoce. Pero Zamiatin fue también autor de relatos y de seis obras de teatro, en las que dio cauce, sin la brillantez que destilan sus novelas, a su inconformismo y a su sentido de la sátira.

Pronto censurado en la Unión Soviética, donde no logrará publicar *Nosotros*, apenas podrá estrenar alguna obra, caso de *La pulga*: un ejercicio cómico, casi de *commedia dell'arte,* inspirado en el relato de Nikolái Leskov *La pulga de acero* (1881), donde crítica las sociedades tanto rusa -zarista y campesina- como inglesa -taylorista-. La obra se estrenó en Moscú el 11 de febrero de 1925.

En este 'juguete cómico', Zamiatin se propuso, en sus propias palabras, "recrear el teatro cómico popular, y en este sentido, no es realista sino abiertamente teatral, de cabo a rabo: es puro teatro". Más allá de su comicidad, *La pulga* resulta relevante por la fuerza crítica que desprende, la cual tendrá una evidente continuidad en la obra de *La chinche* de Vladimir Maiakovski, otro disidente de atormentado final.

Zamiatin puede, en efecto, considerarse uno de los primeros disidentes soviéticos. Acusado en 1929 de antibolchevique, en 1931, sin poder enseñar, apartado de los círculos literarios y censurado, solicita, con la mediación de Máximo Gorki, poder abandonar el país. En 1932 se refugia con su mujer en Berlín, antes de instalarse en París donde, tras malvivir escribiendo artículos, relatos y guiones, morirá en 1937.

Cartel, realizado por B. M. Kustodiev, anunciado la representación
de *La pulga* en el Teatro Bolshói de Moscú en 1926

LA PULGA

PERSONAJES

Los TRES MAGOS CALDEOS (representan diversos papeles, según se verá a continuación); uno de ellos es una muchacha.

PLÁTOV.

El ZAR.

CONDE DE KISELVRODE, ministro.

MÉDICO-FARMACÉUTICO holandés, Caldeo 1.º

PIE-VELOZ, correo del Zar, Caldeo 2.º

MALÁFIEVNA, caldea.

LEVSHÁ, armero de Tula (zurdo).

SILUJÁN, armero.

EGÚPIK, viejo armero.

RAIÉSNIK, el que proyecta la linterna mágica, Caldeo 1.º

MERCADER DE TULA, Caldeo 2.º

MASHKA, muchacha de Tula, caldea.

CAPITÁN MERCANTE INGLÉS.

CAMARERO DE UNA HOSTELERÍA, inglés de cara negra.

QUÍMICO-MECÁNICO inglés, Caldeo l.º

ARTÍFICE inglés de primera categoría, Caldeo 2.º

MARY, muchacha inglesa, caldea.

COSACOS de Plátov.

GENERALES del Zar.

Un POLICÍA de la periferia.

Un COCHERO.

Un PORTERO.

Un BUZO; al mismo tiempo es el DIABLO MURÍN.

Policías, Habitantes del estado de Tula.

PRÓLOGO

Se alza el primer telón del teatro. Detrás de este se ve el proscenio y el segundo telón, todavía bajado y pintado con colores muy vivos. El CALDEO l.° esta solo en el proscenio

CALDEO l.°- ¡Queridos ciudadanos! Permítanme que les cuente brevemente mi biografía, de la que se deduce que soy de antiguo origen caldeo, pero ruso de nacimiento. Jamás tuve ocasión de conocer a mi papá. Su profesión consistía en hacer lo que suele llamarse "el oso", es decir, que representaba cosas chuscas con su oso amaestrado "Mishka". Los inteligentes le alababan, los estúpidos le criticaban, porque para distraerse cada uno hace lo que puede, cosa que deseo también a ustedes que hagan. Y hoy yo, en consideración al programa, tengo el honor de presentarles no un oso, sino una pulga científica; además, entre otras cosas, les haré ver, junto a la fábula sobre la gloriosa capital de Petersburgo, a los originales ingleses del otro confín del orbe y a nuestros rusos de Tula. Esto será un juguete cómico en cuatro actos y tres intervalos, en el que habrá auténtica iluminación eléctrica y en el que actuará la compañía formada por mis queridos compañeros y yo. Así, por ejemplo, cuando salga el personaje siguiente podrán persuadirse de que es nuestro famoso solista Petia, que representa el papel de su majes...; es decir, en general, excúsenme, el zar. ¡Petia, sal en persona para que te vean! (*Sale un ACTOR, pero este, a pesar de lo que ha sido anunciado, no es el que efectivamente realiza el papel del Zar.*) En él pueden ustedes ver la inimitable semejanza. Y aquí, por el contrario, tienen ustedes a Levshá, el último entre los últimos de Tula, a pesar de lo cual es el primer héroe entre todos los que actúan. ¡Vania, déjate ver! (*Sale VANIA.*) ¡Admírenle! ¡Muy agradecido! Ahora vamos a dar comienzo a nuestra función. Les ruego a ustedes que se rían o lloren a su gusto, pero que no provoquen desorden alguno. ¡Eh, música! (*A los acordes de la orquesta se levanta el segundo telón.*)

ACTO PRIMERO

Palacio del zar en Petersburgo. Pero es un Petersburgo a lo Tula, es decir, tal y como podría describírselo el ciego de las coplas sobre un terraplén cercano a su casa. Así es el palacio del Zar. En la escena aparece una compañía de generales a cual más viejo. Los de la última fila se desmoronan de puro viejos, hasta el punto que el portero, con la escoba, va amontonando los restos en un rincón. El general chambelán, que lleva una llave de oro cosida a la nalga como distintivo, pone en orden a la compañía; ahora corrige la fila: a uno, panzudo, le ordena que no saque la tripa; a otro, derrengado, que no doble las rodillas; a un tercero, al que se le dobla la cabeza, que la mantenga enhiesta, cual si fuera un recién casado

CONDE DE KISELVRODE.- (*Entra haciendo reverencias. Saluda al público y a los* GENERALES.) ¡Buenos días, respetabilísimos señores! Pongo en su conocimiento que el zar hoy no ha dormido bien. ¡Está rabioso, uf, se contradice! ¡Una verdadera desgracia!

GENERAL CHAMBELÁN.- (*Al público.*) ¡Ah, el turco este tiene miedo!

KISELVRODE.- (*Emocionado.*) Queridos, les ruego inventen cualquier cosa verdaderamente extraordinaria; de lo contrario, todos nosotros estamos perdidos. Yo, en cambio, haré por ustedes esto, aquello y lo otro..., como se dice... "a primeros de mes"...; si yo lo prometo, pueden estar tranquilos.

GENERAL CHAMBELÁN.- (*Al público.*) ¡Qué gracioso subterfugio; eso es musiquilla alemana! (*Se oye gran ruido, estrépito.*)

KISELVRODE.- ¡Ay! ¿Oyen? ¡Es el preludio! Recemos, queridos, una plegaria, a la rusa, ¿como se dice? ¡Ayúdanos, Virgen de Kazán..., huerfanita! (*Se santigua. Traen al ZAR sobre un trono de oro montado sobre ruedas de madera que producen gran estrépito al rodar.*)

EL ZAR.- (*En tono agrio.*) ¡Bien, buenos días!

Los GENERALES.- ¡Dios guarde a vuestra majestad!

EL ZAR.- (*Bosteza, se rasca. Todos guardan silencio. Se dirige a los GENERALES, rabioso.*) ¿Qué pasa?

Los GENERALES.- ¡Señor, vuestra majestad...!

EL ZAR.- ¿Qué hay, señores? Hablen.

Los GENERALES.- (*Se miran unos a otros, se empujan. Luego comienza a hablar uno, otro, un tercero.*) ¿Desearía su majestad tomar algo agridulce? ¿Desearía su majestad ver y oír a hombres magos? ¿Desearía su majestad...?

EL ZAR.- (*Haciendo un gesto con la mano para que se callen.*) Traed. Llamad.

KISELVRODE.- ¡Traed! ¡Llamad! (*Al ZAR*) ¡En seguida, ahora mismo, en seguida, ahora mismo, al instante! (*Los GENERALES corren de puntillas, trotan, cojean. Traen uvas y una manzana: naturalmente que, siendo para el ZAR, el grano de una uva es tan grande como una manzana, y la manzana, como una sandia. Entran los tres MAGOS, los CALDEOS. El ZAR come con desgana la manzana.*)

CALDEO l.°- (*Toca y canta.*)

Drita, drita, drita, drita,
al padre archimandrita
la pequeña pulga en paz no le ha dejado;
toda la noche le ha picado.
La pulga ahora la ha tornado con el zar;
él la busca por aquí y por allá,
de este modo v de ese otro más,
pero la pulga no ha podido encontrar.

(*EL ZAR deja de comer y frunce, colérico, las cejas. KISELVRODE, espantado, da un empujón al que canta para que se calle.*)

KISELVRODE.- (*Se acerca corriendo y haciendo reverencias.*) No se inquiete, majestad. Es un tonto. Según se dice en ruso: para el tonto se ha promulgado la ley.[1] (*A los CALDEOS.*) Vamos, comenzad algo que sea más alegre.

CALDEO 1.º- En seguida. (*Delante de todos se pone anteojos y barba.*) Aquí me tienen convertido en un químico-mecánico inglés, en un médico-farmacéutico holandés. Aviso cual es mi ciencia para que los viejos no bostecen de aburrimiento: en el horno rehago a los viejos en jóvenes sin destruir sus cerebros. ¡Vienen a verme de todos los países! ¡Tan famosa es mi ciencia! ¡Eh, Maláfievna!

EL ZAR.- ¡Vamos, hazlo ver!

CALDEO 3.º- (*Se quita el traje que le cubre y se convierte en la vieja MALÁFIEVNA. El CALDEO 2.º la lleva al médico en una carretilla.*)

MALÁFIEVNA.- (*Recita leyendo en un papel.*) Le ruego que mire; aquí está mi "pasaporte": me falta un año para ser centenaria. Yo no quiero ser vieja, deseo que los jóvenes me acaricien.

MÉDICO-FARMACÉUTICO.- Entra en el horno, Maláfievna. ¡Con la ayuda del Señor, ni te empujaremos, ni te quedarás atrás, ni te detendrás en la mitad. (*La VIEJA se mete en el horno. El MÉDICO silba con los*

---

1. El dicho ruso es, sin embargo: "Las leyes no han sido promulgadas para los tontos."

dedos. La VIEJA *sale del fondo del horno convertida en una muchacha joven, lozana; besa a un* GENERAL, *a otro, atrapa a un tercero y se pone a bailar con él un baile ruso. Los* GENERALES, *tosiendo, buscan el modo de liberarse.*)

EL ZAR.- ¡Ah, ah, ah! (*Se golpea los flancos con las manos, se ríe.*) ¡Que voy a reventar! ¡Esta sí que es gente alegre!

MÉDICO-FARMACÉUTICO.- Sí, señor; bailamos con la voz, cantamos con las piernas, nos emborrachamos con agua, el vodka nos hace enloquecer.

EL ZAR.- Y bien, hombres magos, ¿qué otra cosa podéis mostrarnos aún que nos asombre?

MÉDICO-FARMACÉUTICO.- Mira. Danos tiempo y lo verás. (*Cuchichea algo al oído del* CALDEO 2.°; *este sale de la escena y allá, a la vista del público, se viste de correo. El* ZAR *sigue comiendo.* KISELVRODE *se hurga la nariz con el dedo.*)

EL ZAR.- (*Con severidad.*) Conde de Kiselvrode, ¿cuántas veces voy a tener que decirle que no se hurgue la nariz en las recepciones oficiales?

KISELVRODE.- Yo..., yo..., yo...; es solo así..., por... hacer cualquier cosa. (*El* CALDEO 2.°, *ahora* CORREO PIE-VELOZ, *llama desde afuera.*)

EL ZAR.- ¿Quién diablos viene ahí ahora? (*A* KISEL-

VRODE.) Conde, date una carrera y abre. (*KISELVRO-DE hace una reverencia, va corriendo y abre. Entra el CORREO PIE-VELOZ. El MÉDICO-FARMACÉUTICO le guiña el ojo.*) ¿Quién es este individuo?

CORREO PIE-VELOZ.- El correo Pie-Veloz de vuestra majestad le saluda... Hace apenas un momento que he llegado de Inglaterra; todavía no se me ha pasado el sudor.

EL ZAR.- ¡Ah! ¡Bien, buenos días! Ven, ven, acércate. (*El CORREO PIE-VELOZ se aproxima.*) ¿Cómo es que se te han desarrollado de ese modo las señas personales?

CORREO PIE-VELOZ.- Es que mientras navegábamos por el mar me han crecido, a causa de las olas, estas enormes orejas.

EL ZAR.- ¡Eh, échame el aliento! Más cerca, más cerca. Respira un po... ¡Igual que una cuba! ¡En que estado se encuentra!

CORREO PIE-VELOZ.- ¡Su señoría, vuestra majestad!

EL ZAR.- Bueno, ¿qué noticias traes, buenas o malas?

CORREO PIE-VELOZ.- Tan malas que no pueden ser peores. Los ingleses han comenzado a vanagloriarse de tal modo que no hay quien los resista. Ustedes, dicen, no tienen ni pies ni cabeza. Ustedes, dicen, lo mismo comen la sopa con un chanclo que pellizcan el pan con un clavo... (*KISELVRODE empuja por detrás al CORREO. Los GENERALES comienzan todos a toser al mismo tiempo.*)

EL ZAR.- ¡Eh!, ustedes, hagan menos ruido. De lo contrario, la verdad es que pueden llegar a desmoronarse. (*Al CORREO.*) Habla. Pero di todita la verdad; de lo contrario..., ¿sabes lo que te espera?

CORREO PIE-VELOZ.- Se vanaglorian; dicen que vuestros tesoros, al lado de los suyos, no son nada; vuestros cañones, en comparación con los suyos, son de juguete. (*El ZAR da muestras de enfado.*)

KISELVRODE.- No se aflija, majestad; miente. Las comparaciones son debidas al miedo, pues, como dice nuestro proverbio ruso: "La corneja asustada se espanta hasta de su sombra."

EL ZAR.- Ya está bien, tú, ruso. Rápido, traed aquí el tesoro; ahora veremos si miente o no.

KISELVRODE.- ¡Traigan el tesoro! (*Los GENERALES, Corriendo y tropezando unos con otros, van por el tesoro; junto con ellos salen el CALDEO l.° y el 2.°*)

EL ZAR.- (*Al CORREO PIE-VELOZ.*) Bueno, ¿qué más? Continúa hablando sin miedo.

CORREO PIE-VELOZ.- Además, se jactan diciendo:

vuestro paño, en comparación con el nuestro, es un algodón cualquiera, y en cuanto a los artífices ingleses y alemanes, superan en bastante a los vuestros.

EL ZAR.- ¿Cómo? ¿Que los ingleses superan a los nuestros? Pero tu... Yo te haré ver...

KISELVRODE.- ¡No se aflija, majestad; es claro que miente! ¡Cosas de los alemanes! Ya sabe lo que dice nuestro proverbio ruso: "A los alemanes los ha inventado una mona."

EL ZAR.- ¡A ti sí que en verdad te ha inventado una mona! Mejor sería que en lugar de contar historias abrieses el cofrecillo. (*KISELVRODE abre el cofrecillo del tesoro. El ZAR, a quien ayudan a bajar del trono cogiéndole de los brazos, se pone en cuclillas al lado del cofrecillo y hurga dentro de él. Algunos de los GENERALES, los que se encuentran más cerca del cofrecillo, toman parte en el examen. El ZAR dirigiéndose a los GENERALES.*) ¡Eh, vosotros, apartaos un poco; así estará todo esto más seguro! (*Saca un estuche.*) ¡Atención! ¿Qué será este estuche tan singular que tiene este cerrojo? (*Le da vueltas en la mano buscando la manera de abrirlo.*)

CORREO PIE-VELOZ- (*Tararea.*) "El camina hacia delante y hacia atrás. Y así y asá, y por aquí y por allá..."

EL ZAR.- (*Entrega el estuche al* CORREO PIE-VELOZ.) Ábrelo tu, amigo.

CORREO PIE-VELOZ.- Esto para mí es mas fácil que escupir. (*Escupe. Lo abre y presenta el estuche al* ZAR.) ¡Listo, majestad! (*El* ZAR *saca una nuez de brillantes, la da vueltas a un lado y a otro y consigue abrirla con mucho esfuerzo.*)

LOS GENERALES.- (*Atisban, estirando el cuello.*) Lo ha abierto. ¡Una nuez! ¡Es un brillante! ¡Sáquelo, sáquelo fuera de la nuez!... En la palma de la mano, en su propia palma... ¿Qué es, qué...? Una pul... pulga... ¡Mira, te juro que es una pulga!

EL ZAR.- (*Se incorpora. En tono severo, a* KISELV-RODE.) ¿Qué es esto? ¿Cómo es que tú, amigo, permites que haya pulgas en el tesoro? Y, por si fuera poco, una pulga muerta, helada. Y bien, ¿por qué no respondes? ¡Habla!

KISELVRODE.- No se agite, majestad. Permítame que la tire.

EL ZAR.- No, espera, amigo; siempre estaremos a tiempo de tirarla por la ventana. La cosa no es tan sencilla; esto tiene que tener alguna explicación. ¡Quién sabe qué astucia secreta encierra! (*La examina.*) ¡Caramba! Es exactamente igual que una pulga; es una pulga. Pero ¡espera un poco! No, que no tiene el aspecto, que aquí alguien ha querido hacer algo... por medio de un mecanismo ingenioso... Comprobémoslo; que venga el farmacéutico holandés de la farmacia de Anikkov. Rápido.

KISELVRODE.- (*A los* GENERALES.) ¡Traigan al farmacéutico! (*Arrastran de los brazos al* MÉDICO-FARMACÉUTICO *holandés.*)

MÉDICO-FARMACÉUTICO.- Padrecito, majestad, no lo haré más; perdóneme, pido gracia.

EL ZAR.- Está bien. Te perdono. Pero, en cambio, has de adivinar qué es esta cosa tan curiosa que hemos descubierto aquí. Nadie sabe lo que es. Tú que has aprendido todo lo que atañe a la química debes saber qué es esto y para qué sirve.

MÉDICO-FARMACÉUTICO.- (*Saca un metro flexible, mide la pulga a lo ancho y a lo largo, la examina.*) Lo primero y principal es que esto es un animal, según yo dictamino, llamado, ustedes perdonen, pulga; a esta le ha sido extraída la sangre, de acuerdo con lo que prescribe la ciencia, por una persona cualquiera, del mismo modo que se extrae a los demás animales, sin ninguna diferencia.

EL ZAR.- Bueno, para decir eso no se necesita saber mucha química. ¿No puedes decir algo más que valga la pena oír?

MÉDICO-FARMACÉUTICO.- ¡Ay! (*Cerrando los ojos, cata la pulga con la lengua.*) Según... ¡Hum! De acuerdo con la ciencia de la temperatura, siento frío en la lengua, lo mismo que si se tratase de un metal sólido. (*Prueba con los dientes*). Es hierro. (*Se queda pensativo.*)

EL ZAR.- Bueno, ¿y qué?

MÉDICO-FARMACÉUTICO.- Esto es, según nos dice la ciencia, un infusorio con aspecto de pulga. Está hecho con acero auténtico, y no se trata de un trabajo ruso, sino extranjero. Y en vista de que en este momento nosotros no estamos en muy buenas relaciones con el extranjero, no me preocupo en esclarecerlo más.

EL ZAR.- Gracias. Vete a tu farmacia. (*El MÉDICO sale andando de espaldas y haciendo reverencias.*) Y oye lo que te digo, conde de Kiselvrode: si no me dices rápidamente cómo y con qué fin ha venido a parar a mi tesoro este infusorio extranjero, irás a servir de alimento a las pulgas y a los escarabajos que anidan en la prisión de la fortaleza.

KISELVRODE.- En seguida, ahora mismo, en seguida... ¡Ya sé cómo! Permítame que llame a Maláfievna, la dama de la Corte; a esa le falta un año para ser centenaria, así es que no tiene más remedio que recordar algo de la pulga.

EL ZAR.- Está bien. Te lo permito; llámala.

KISELVRODE.- ¡Maláfievna! ¡Maláfievna!

Los GENERALES.- ¡Maláfievna, Maláfievna!

MALÁFIEVNA.- (*Se pone en pie de un salto, se acerca al ZAR, hace una reverencia.*) ¡Dios te guarde, majestad!

EL ZAR.- Buenos días. ¿Sabes tú algo de este lío? Hemos encontrado una nuez de brillantes y dentro de ella una pulga.[1]

MALÁFIEVNA.- ¿Sorda? Verdad es, padrecito, verdad es que soy sorda. ¡Es cierto que tengo un poco taponados los oídos, sí, es verdad!

EL ZAR.- (*Haciendo un gesto con la mano.*) Mira que haberla hecho pasar por el horno y haber sacado tan poco provecho. (*Gritando.*) ¡Una pulga! ¡Te digo que es una pulga!

MALÁFIEVNA.- ¿Sin pecados?[2] Es justo que digas que no cometo pecados. Aunque yo no esté en mi primera juventud, cuando llega la hora de ir al lecho es una verdadera desdicha: hasta que Vasiliy Ivanich no se mete debajo de las mantas no hay modo de que pueda conciliar el sueño. "Vashka", mi gato de Angora, a él me refiero...

1. Juego de palabras por asonancia entre *blojá* (pulga) y *glujá* (sorda).
2. Ahora la mujer ha podido entender *grejá*, pecado.

EL ZAR.- (*Fuera de sí.*) ¡Vete de aquí! ¡Vete de aquí y que no te vea más!... ¡Llévensela de aquí y que no quede de ella ni siquiera el recuerdo! (*Se llevan a MALÁFIEVNA. El ZAR señala con el dedo a KISELVRODE, dando a entender a los GENERALES que se lo lleven.*) ¡Llévenselo a las mazmorras para toda la vida! (*Los GENERALES se apresuran a coger a KISELVRODE.*)

KISELVRODE.- (*Defendiéndose.*) Su... Su majestad… permitidme... ¡Ay! Ahora mismo..., en seguida.

EL ZAR.- ¿Y bien?

KISELVRODE.- Permítame que mire en el libro de la tesorería; por fuerza tiene que constar allí algo a propósito de esta pulga estatal.

EL ZAR.- Está bien; mira, te lo permito.

KISELVRODE.- ¡Traigan el libro! (*Dos GENERALES traen un libro enorme.*) Ahora mismo, en seguida, ahora mismo, un momento de paciencia: a, b, b, c, d, p...; aquí está...

EL ZAR.- Lee, lee y no me hagas esperar... ¿Estamos?

KISELVRODE.- (Lee.) "Remedio contra las pulgas. Para este efecto, al ir a acostarse, debe cogerse miel de abeja de la mejor calidad y embadurnar cuidadosamente con ella las sábanas; todas las pulgas quedarán pegadas irremisiblemente a aquellas. Si, en contra de lo previsto, se pegase también una persona, pertenezca esta al sexo masculino o al femenino, o bien dos al mismo tiempo de sexo diferente, no hay peligro de confundirse...; al contrario..."

EL ZAR.- (*Golpeando con el puño.*) Pero ¡es que tú piensas reírte de mí? Pues te voy a gastar una broma que no la vas a olvidar hasta que te quedes más tieso que un palo. (*Los GENERALES apresan y se llevan a KISELVRODE.*)

KISELVRODE.- (*Rebatiéndose, grita.*) ¡Ay vuestra...! ¡Ay majestad! ¡Ay! ¡Pero...! ¡Ay! ¡Ay! ¡Dejadme! (*En la puerta la comitiva tropieza con PLÁTOV. PLÁTOV, pisando ruidosamente, avanza a paso militar.*)

Los GENERALES DE LA CORTE.- ¿Adónde vas, adónde vas sin que te hayan anunciado? ¡Alto!

PLÁTOV.- (*Levanta un puño asombroso.*) ¡Silencio! (*Entra en el palacio pasando delante de los GENERALES, que le contemplan estupefactos.*) Así, pues, tengo el honor de anunciarme yo mismo; tengo que ver al zar con toda urgencia. Cosaco del Don. Plátov.

EL ZAR.- (*Irritado.*) ¡Todo es urgente y todo urge! ¿Acaso no te das cuenta de que el zar tiene asuntos que resolver para dar y tomar?

PLÁTOV.- ¡Comunico que en Petersburgo reina gran agitación entre el pueblo; dicen que ha sido descubierta una pulga desconocida; así es que, de acuerdo con el reglamento, debiéramos contarles el caso de la pulga!

EL ZAR.- (*A PLÁTOV*.)- ¡Ah! ¿Se trata de la pulga? Eso ya es otra cosa. Puedes acercarte. ¿Quién eres?

PLÁTOV.- Soy el cosaco del Don, Plátov. ¡Dios guarde a vuestra majestad!

EL ZAR.- Bien; buenos días. ¿Qué es, pues, lo que quieres de mí, macho viejo? Habla de prisa; estamos tratando cuestiones de Estado.

PLÁTOV.- (*Con voz atronadora*.) ¡Alteza! ¡Vuestra majestad! (*Los GENERALES retroceden de un salto, espantados*.) Puesto que, como es sabido, yo como y bebo lo que quiero y estoy contento con todo, de acuerdo con el reglamento, he de decirle que no necesito nada. (*Devora con la mirada al ZAR*.)

EL ZAR.- Y si no tienes necesidad de nada, ¿qué es lo que quieres entonces?

PLÁTOV.- Lo siguiente. Sabido es que reina agitación entre el pueblo, conforme al juramento, debido a un infusorio desconocido que ha aparecido en el tesoro de vuestra majestad. ¡Yo tengo el honor de conocer perfectamente todo lo que se refiere a este asunto de Estado! (*Come con la vista al ZAR*.)

EL ZAR.- ¡Oh!, ¿de verdad lo sabes? ¡Vaya, vaya, vaya!; cuenta.

PLÁTOV.- Tengo el honor: habéis de saber que vuestro papá y yo estuvimos satisfaciendo su curiosidad, entre otros puntos de Europa, en la así llamada Inglaterra, en la ciudad de Londres, donde ni los habitantes del sexo masculino ni los del sexo femenino pertenecen a nuestra religión...

EL ZAR.- ¿Sabes tu, por casualidad, si hablan francés en ese estado?

PLÁTOV.- (*Chillando a más no poder.*) ¡Alteza! ¡Vuestra majestad! Yo no podía saber si hablan en francés, dado que soy un hombre casado, conforme al juramento, quiero decir, que para mi la conversación francesa sirve solo para mortificarme la conciencia, y además...

EL ZAR.- Para...; habla de la pulga.

PLÁTOV.- Como iba diciendo, la cosa fue así: los ingleses enseñaron a vuestro papá sus maravillas con muy mala intención. El lugar, llamado *Kunstcamera*, donde están sus vitrinas y otras diversas figuras esculpidas del sexo masculino y femenino y... este infusorio de acero con aspecto de pulga..., ¡tengo el honor!

EL ZAR.- Bueno, ¿y qué, qué, qué?

PLÁTOV.- Y, como iba diciendo, la tal pulga le gustó a vuestro papá; le gustó tanto que ni avanzaba ni retrocedía, y vuestro papá se entusiasmó con ella hasta más no poder. De modo que los ingleses y nuestra madre Rusia nos vimos obligados, por el honor del trono de la patria, conforme al juramento...

EL ZAR.- ¡Sí, lo sé, lo sé! Habla de la pulga.

PLÁTOV.-. (*Chillando a más no poder.*) ¡Sí, alteza; de la pulga, vuestra majestad! ¡Y, por consiguiente, vuestro papá ordenó que se diese a los ingleses un millón de rublos en monedas de cinco "kopecks" de plata! Tras lo cual, los ingleses, es cierto, hicieron donación de esta pulga y, además, regalaron una llavecita.

EL ZAR.- Pero ¡espera, espera un poco! ¿Y para qué sirve la llavecita? ¿Y dónde está?

PLÁTOV.- Eso es muy sencillo; permítame que coja en mis manos la nuez de brillantes.

EL ZAR.- Puedes cogerla.

PLÁTOV.- (*La coge y se la enseña al ZAR.*) Pues quería decir que aquí hay una pequeña fisura, no una rendijilla, sino, según yo, una picadura como de mosquito... (*No encuentra la palabra adecuada.*) Y en la rendijilla está la llavecita.

EL ZAR.- Pero no se ve.

PLÁTOV.- Alteza, vuestra majestad. Por sus dimensiones es una verdadera maravilla de la técnica. Pero si con esta invisible llavecita se da cuerda al mecanismo que hay en el vientre de la pulga, entonces, me atrevo a decir a vuestra majestad, tiene lugar una cosa que va también en contra de la Naturaleza.

EL ZAR.- ¿Dices la verdad?

PLÁTOV.- ¡Igual que si estuviese delante de Dios! De modo que al darle cuerda, la pulga comienza a saltar en cualquier sitio y a bailar, y hasta es capaz de hacer dos mudanzas a derechas y dos a izquierdas.

EL ZAR.- ¿Juras que es verdad?

PLÁTOV.- Lo juro. ¿Me permite que haga una prueba?

EL ZAR.- ¿No mientes?

PLÁTOV.- ¿Cómo podría mentir?

EL ZAR.- Vaya, prueba.

PLÁTOV.- (*Intenta coger con sus enormes dedos la invisible llavecita.*) ¡Uf, maldición! No acierto a atraparla de ningún modo.

Los GENERALES.- ¡Por debajo, por debajo, con el dedo! ¡Un poco de lado! ¡Un poco de lado! ¡Así, de ese modo! ¡Ahora! ¡Venga! ¡Venga! ¡Eh!

PLÁTOV.- ¡Uf! No; hay que recurrir a la habilidad femenina: las mujeres tienen los dedos semejantes a los de la pulga; hasta son capaces de meter un hilo en una aguja. Nosotros no podemos hacerlo.

EL ZAR.- (*Mira a su alrededor.*) ¡Eso!... ¡Maláfievna!

Los GENERALES.- ¡Maláfievna! ¡Maláfievna!

MALÁFIEVNA.- Aquí estoy.

EL ZAR.- Fíjate: aquí hay una llavecita; prueba a cogerla así, con el dedito.

MALÁFIEVNA.- ¿Con el niño?[1] ¿Qué dice? ¿Qué dice? ¡Dios le bendiga!

EL ZAR.- ¡Ah, topo sordo! Pero explíquenselo de cualquier modo, aunque sea por senas. (*Los GENERALES y KISELVRODE rivalizan en explicar a MALÁFIEVNA, haciendo gestos con las manos, de que modo hay que darle cuerda a la pulga para que esta se ponga a bailar.*)

MALÁFIEVNA.- ¡Ah, ah, comprendo, comprendo! Ahora, ahora. (*Da cuerda a la pulga. Esta salta al suelo al tiempo que comienza a sonar la música. El ZAR, KISELVRODE, los GENERALES y MALÁFIEVNA van detrás de ella en cuclillas, a gatas, a cuatro patas. PLÁTOV permanece inmóvil.*)

EL ZAR.- ¡Ah fuerza diabólica! ¡De verdad que salta! ¡Mira, mira: baila! ¡Esto si que me gusta! ¡Esto si que es un trabajo de precisión! ¡Esos sí que son unos artífices!

CORREO PIE-VELOZ.- (*Al ZAR.*) ¿Ha visto que maravilla? Es eso indiscutiblemente. Yo se lo había

1. Confusión entre *palchik*, dedito, y *malchik*, niño.

dicho: los ingleses se habían jactado mucho de que le dejarían con la boca abierta. En cambio, él (*Imita a KISELVRODE.*) " ¡Miente, miente!"

EL ZAR.- Es verdad. (*Se rasca la nuca.*) ¿Cómo proceder? ¿Qué hacer? (*A KISELVRODE.*) ¿Cómo es que has permitido que los ingleses se consideren superiores a los rusos?

KISELVRODE.- Yo..., yo no; yo... (*Señalando a PLÁTOV.*) Ha sido él.

EL ZAR.- (*A PLÁTOV.*) ¿Tú, oyes? ¡Contesta!

PLÁTOV.- He aquí que así, conforme al juramento, sobre el campo de la patria..., de la batalla.

EL ZAR.- Pero habla de la pulga, de la pulga... ¿Cómo ha sido, hermano mío?

PLÁTOV.- Tengo el honor de decir que no debemos admirar solo con el entusiasmo que provocan los sentimientos. Puesto que nosotros no somos peores que los ingleses en nada, sino que, por el contrario, completamente...

EL ZAR.- ¡Así, pues...?

PLÁTOV.- Quiero decir que este infusorio debe ser sometido a una revisión rusa en la ciudad de Tula, de nuestra patria. Y entonces se verá que nuestros artífices son superiores a los suyos. Y en cuanto a mi, si hace falta cualquier cosa, he aquí entonces, tengo el honor. (*Muestra su enorme puño. Los GENERALES se apartan a un lado de un salto.*)

EL ZAR.- ¡Está bien! Te lo agradezco; me has consolado, viejo macho. Coge, pues, este estuche; en el estuche está la nuez de brillantes y en la nuez, la pulga; y te vas al apacible Don. Y cuando pases por Tula les das este infusorio inglés a los artífices de la ciudad para que lo examinen. Solo que no te olvides de que debes estar de vuelta pasados cuarenta días con sus noches. Y si los tuyos de Tula sobrepasan a los ingleses, podrás pedir lo que quieras; pero si no tienen éxito, perderás la cabeza.

PLÁTOV.- (*Con toda la fuerza de sus pulmones.*) ¡Alteza, sin cabeza, vuestra majestad! (*Abandonando el tono militar.*) Solo que si en tiempos de vuestro padre mi cabeza continuó sobre mis hombros, espero que ahora también seguirá.

EL ZAR.- ¡Será petulante!... ¿Es que no conoces el dicho: "No te vanaglories cuando vas a la batalla"?

PLÁTOV.- Alteza, vuestra majestad. Pero en regresando de este... campo de batalla-patria...

EL ZAR.- ¡Lo sé, lo sé! ¡Basta! Y cuando te pondrás en camino?

PLÁTOV.- Salgo inmediatamente. Solo que antes me daré una carrera para ir a beber un vaso de vodka y comerme una rosquilla. Así, pues, ¡buen apetito!

CALDEO l.º- (*Al público.*) ¡Lo mismo les deseo, respetable público!

TELÓN

ACTO SEGUNDO

CUADRO PRIMERO

Tula. Iglesitas que parecen de juguete y que alcanzan solo a la altura de la cintura de un hombre. En la parte izquierda de la escena hay una pequeña valla de madera. Entran los tres Caldeos. El CALDEO l.° se quita de la espalda la caja de la linterna mágica y la coloca sobre un palo.

CALDEO l.°- (*Al publico.*) ¡La re-pre-sen-ta-ción continua! Respetables señores, entren, ayuden a la barraca. ¡Un "kopeck" por cabeza, sírvanse pagar!

MUCHACHA AVISPADA.- (*Entra corriendo, ve al CALDEO, llama.*) ¡Eh, aquí, aquí! ¡Muchachas, muchachas, de prisa! ¡Han llegado los magos con la cajita! ¡Por aquí, por aquí! (*De varias partes van llegando a toda prisa habitantes de Tula, viejos y jóvenes. LEVSHÁ viene solo, iniciando un motivo en su acordeón. Mientras camina le ponen la zancadilla. Se cae. Risas. Se levanta, alza el gorro y se suena la nariz; se lo vuelve a poner. Las MUCHACHAS se dan codazos, se ríen a carcajadas, señalan con el dedo a LEVSHÁ.*)

CALDEO l.º- ¡Un "kopeck" por cabeza, un "kopeck"! ¡Un "kopeck" por cabeza, sírvanse! (*Algunos de los habitantes de Tula miran a través del cristal de la linterna mágica.*) Aquí pueden contemplar, señores, una vista esplendida: el cosaco del Don, Plátov, viene directamente del palacio del zar en una "troika"; de los cascos de los caballos vuelan astillas de abeto y tras ellos se levanta una nube de polvo; sobre la nube de polvo hay una linterna y debajo de la linterna un cartel: "Sálvese el que pueda."

UN HABITANTE.- (*Mira a través del cristal.*) ¡Ay, sí! ¡Cómo galopa! ¡Cómo fustiga! ¡Qué puños!

CALDEO l.º- Y aquí tengan la bondad de admirar la agradable entrevista del embajador ruso con ese francés en la ciudad de París; bien es verdad que también pudiera ser que hubiese tenido lugar en algún otro sitio más cercano.

MUCHACHA AVISPADA.- (*Mira.*) ¡Caramba! ¿Y por qué están los dos llorando a lágrima viva?

CALDEO l.º- Eso, bella mía, es debido a la alegría que sienten, pues hace siete años que no se veían y se han encontrado al octavo. Y aquí les ruego que contemplen una batalla en China: el general Pei-Ciain se ha pasado al lado del general Cei-Sin, y el general Cei-Sin se ha pasado, a su vez, al lado de Pei-Ciain, por cuyo motivo tuvo lugar más tarde una brillante victoria sin precedentes.

UN HABITANTE.- ¡Hum!... ¿Cómo saberlo?... No se comprende.

CALDEO l.º- ¡Usted es un tío raro! ¿Acaso se cree que yo lo entiendo? He aquí otra transformación (*Coge a* LEVSHÁ *por el cuello y le mete por el otro lado de la cajita.*): he aquí a mi íntimo amigo, al famoso armero Levshá, al primer ricachón de Tula, que tiene una pulga metida en una trampa, en un bolsillo, y en el otro el cadáver disecado de un escarabajo. ¡Vengan a saludarle!

MUCHACHA AVISPADA.- ¡Muchachas! ¡Venid a ver a nuestro Levshá en la cajita! ¡Ay, mira, mira!

LEVSHÁ.- (*Se libera de un tirón.*) Padrecito mío... ¡Dejadme, vaya! También yo quiero ver. (*Da la vuelta y mira a través del cristal de la linterna mágica.*)

CALDEO l.º- (*Guiña el ojo al* CALDEO 3.º; *este deja caer la indumentaria que le cubre y se convierte en la muchacha* MASHKA.) ¡He aquí una transformación más! La muchacha Mashka, hija de un mercader, todas las noches se pone enferma, sufre por la ausencia de su Levshá, su amigo del corazón; de día no bebe, no come; no se sabe cómo vive, pero tiene un aspecto delicioso.

LEVSHÁ.- (*Mira emocionado a través de uno y otro cristales.*) ¡Huy! ¡Huy! ¡Padre mío! (*Mira por encima de la cajita. MASHKA está allí, tapándose la cara con la mano.*) ¡Mashka! ¡Oh!... ¿Eres una aparición o verdaderamente eres tú? (*La gente que le rodea se ríe.*)

MUCHACHA MASHKA.- Soy yo; si, soy yo.

LEVSHÁ.- (*Dando muestras de gran alegría.*) ¡Huy! ¡Mashka! ¿Me oyes, Mashka?

MUCHACHA MASHKA.- ¿Qué?

LEVSHÁ.- Mashka, vamos a hacernos el amor.

MUCHACHA MASHKA.- Vamos. (*Se van abrazados hacia la izquierda, detrás de las vallas, y allí se hacen el amor. Las MUCHACHAS se dan codazos, miran por las rendijas, se ríen alegremente.*)

MUCHACHAS. - ¡Mira, mira! - ¡En los labios! - ¡Sin separarse! - ¡Hasta hartarse!

CALDEO l.º- Vean una transformación mas: al mercader de Tula, padre de Mashka, no le ha dado Dios mucha mollera, pero coge el dinero a espuertas. La representación continúa. (*Señala con la mano la valla. El CALDEO 2.º se ha quitado mientras tanto la indumentaria de caldeo y, en caftán de mercader, se dirige hacia la valla, abriéndose paso entre la gente.*)

MERCADER.- Inclinaos, haceos a un lado, apartaos. ¿Es que no veis que paso yo en persona? Vaya, dejadme pasar. ¿Qué hay ahí? (*Mira por una rendija y se enfurece.*) Pero ¡si esa es mi Mashka! ¡Oh mujerzuela! Pero ¡si ese es Levshá! ¡Oh canalla! (*Corre dando la vuelta y se arroja sobre LEVSHÁ.*) ¡Tú, miserable pordiosero!, ¿por qué juegas con mi hija, eh?

LEVSHÁ.- (*Corre de un lado a otro, quiere escapar, pero no lo logra. Desesperado.*) ¡Ay, juro sobre la cruz que me casaré con tu Mashka! (*Hace la señal de la cruz con la mano izquierda.*) Nada...; me casaré en seguida. ¡Hala, vamos a la iglesia, vamos!

MERCADER.- ¡Levshá, zurdo! ¡Aprende primero a hacer la señal de la cruz! ¡Casarte! ¡Mashka, ven aquí! (*Se aproxima, amenazador.*)

LEVSHÁ.- (*Ofendido.*) ¿Y qué importa, técnicamente, que sea zurdo?... En tal caso, verdad es que es natural...

MERCADER.- ¡Uf ! ¡Tú, haraposo! No, tu primero tráeme cien rublos en monedas de oro y de plata; y en billetes, un "pud" y tres cuartos. Después vienes a pedírmela. De lo contrario... Fíjense, pero fíjense un poco en él: " ¡Yo me casaré", se atreve a decir el villano!... ¡Mashka, ven aquí!

MUCHACHA MASHKA.- No quiero. (*Se esconde detrás de LEVSHÁ.*)

MERCADER.- ¿No quieres venir? (*Avanza amenazador, dirigiéndose a LEVSHÁ.*)

LEVSHÁ.- (*Se esconde detrás de MASHKA.*) ¡Eh, me echa a mi la culpa! ¡Hola! ¡Siluján, ven aquí!

SILUJÁN.- (*Sale remangándose.*) Estoy listo. ¿A quién hay que pegar?

MERCADER.- (*Asustado.*) A mí. (*SILUJÁN, sin dar muestras de apresuramiento, se dispone a golpear al MERCADER: le prepara la barbilla, se escupe en la palma de la mano. De súbito, a lo lejos se oye una canción, un silbido. SILUJÁN se detiene. Unos cuantos HABITANTES de Tula entran corriendo a todo correr y gritando.*)

Los HABITANTES.- ¡Los cosacos, al galope! (*Todos salen huyendo, dispersándose por todos los lados detrás y debajo de la valla. Los COSACOS irrumpen en el escenario gritando y silbando, llevando cabezas de caballos y colas de corteza de tilo deshilachadas. PLÁTOV viene en trineo; al lado del trineo se ve a los SILBADORES armados con látigos. Entran a galope tendido. PLÁTOV grita: "¡Parad, parad, parad, diablos!" Por debajo de la valla y del lado derecho de la colinita asoman las cabezas de los vecinos; la "troika" se detiene, las cabezas desaparecen.*)

PLÁTOV.- (*Se pone en pie en el trineo, mira amenazador en torno de sí.*) ¡Eh, eh!, ¿dónde estáis? Los habitantes de Tula se han escondido. ¿Si se habrán metido en las guaridas de los escarabajos? ¡Eh, silbadores! ¡Cazadlos a todos y traedlos aquí!

Los SILBADORES.- (*Van cazando al galope a todos los HABITANTES de Tula lo mismo que si fueran liebres.*) ¡Eh, eh, a ellos, a ellos! ¡Ta-ta-ta-ta-ta-ta! ¡A ellos! ¡Uf! ¡Eh, eh, eh! (*Los VECINOS de Tula, atrapados, se ven empujados en masa compacta hacia adelante. A la cabeza de todos ellos va EGÚPIK, un viejo con aspecto de apóstol, y el héroe de la villa, SILUJÁN. El primero lleva un gran pan y sal para ofrecérselo a PLÁTOV en señal de bienvenida. Este se sube al asiento de su trineo y, después de beber un sorbo de su cantimplora, saca el pecho antes de comenzar a hablar.*)

PLÁTOV.- El caso es, hermanos, que las cosas no van muy bien. Esto es, quiero decir, que ha llegado el momento de que todos nosotros saquemos adelante nuestro propio pecho. En consideración a nuestra madre Rusia, sobre el campo de la batalla patria, conforme al juramento. Y si, por ejemplo, la pulga inglesa choca con la nuestra, en ese caso quiere decirse que nosotros nos veremos obligados a dar hasta la última gota de sangre, todos como uno solo. Y yo tengo la orden de transmitiros las benévolas palabras del zar. (*Grita desaforadamente.*) ¡Ordeno que se haga! (*Con dulzura.*) Puesto que el es el padre, nosotros somos los hijos... (*Vuelve a gritar.*) ¡Y en caso de que por cualquier causa, entonces he aquí! (*Hace un gesto amenazador con el puño.*) Y, por tanto, ortodoxos, juremos dar nuestra vida en el lugar del delito todos como uno solo. ¡Si-len-cio! ¡Hurra! (*Los caballos de los Silbadores saltan despavoridos. Los VECINOS de Tula empujan a EGÚPIK hacia adelante.*)

EGÚPIK.- (*Tira el pan y carraspea para aclarar la voz.*) Sí, es cierto; nosotros hemos sentido ya la benévola palabra del zar. ¡Cómo no! Solo que para nosotros no está claro lo que has dicho. Nosotros somos gente pacífica, no somos militares.

PLÁTOV.- (*En tono más humano.*) Pero yo hago eso así para mantener un orden riguroso. ¡El asunto, hermanos, es el siguiente: nuestros artífices de Tula deberán darle una lección a esa Europa! En vista de que su técnica es imposible y la nuestra es esta de Tula, resulta, pues... Si. Bien, ¿quiénes de vosotros sois los mejores artífices? Hablad, no tengáis miedo.

Los DE TULA.- (*A gritos.*) ¡Levshá! ¡Levshá! ¡Siluján! ¡El viejo Egúpik! ¡Levshá! ¡Siluján! ¡Levshá! ¡Levshá! El, él es el mejor de los nuestros... ¡Levshá!

PLÁTOV.- ¿Y dónde está el tal Levshá?

Los DE TULA.- ¡Ahí esta, con Mashka! ¡Aquel mal vestido, aquel del gorro! Aquel que está ahí es el más...

PLÁTOV.- (*A los SILBADORES.*) ¡Traedle aquí! (*LEVSHÁ intenta escaparse. Los SILBADORES le atrapan y le llevan en presencia de PLÁTOV, quien, examinándole, dice:*) Sí. No es... muy guapo... (*Coge el estuche y lo abre.*) Por tanto, artífices, mirad: aquí, he aquí, esto es todo. (*EGÚPIK y SILUJÁN se acercan.*)

EGÚPIK.- ¡Ah madrecita!. .. Santísima protectora de los pecadores, pero esto, si no me equivoco, ¡es una pulga!

SILUJÁN.- ¿Viva o muerta?

PLÁTOV.- Ese es precisamente el asunto: que no está ni viva ni muerta, sino que es de acero, pues esos bribones de ingleses la han construido de acero puro, dándole la forma de una pulga...; y, en fin, dentro de ese reptil hay un muelle, y si se da cuerda al muelle, la haragana se pone a bailar. Y así, pues, de momento, conforme al juramento que yo he prometido al zar, le he dicho: "Nuestros artífices de Tula harán una maravilla aun superior"... ¿Y bien? ¿Podéis? (*Los armeros se miran y cuchichean entre ellos.*)

LEVSHÁ.- (*Tira el gorro al suelo y se rasca.*) La cosa, aunque igualmente, a buen seguro...; además, de todo lo que resta... Pero, si, digo, técnicamente, por ejemplo, esto no se puede..., y no de un modo cualquiera, sino una cosa como...

PLÁTOV.- (*Gritando.*) ¿Qué-é-é? Yo he empeñado mi cabeza por vosotros, y vosotros... Pero ¡yo os haré migas! (*Alza su enorme puño.*)

EGÚPIK.- Tú, excelencia, explícate de palabra. Nosotros no somos gente militar, pero no haríamos de cierto un mal papel delante de esos artífices. Solo que la nación inglesa no es estúpida, sino que, por el contrario, es bastante astuta y para competir con ellos se necesita primero elevar nuestras oraciones a Dios y reflexionar como es debido. Sí. Tú déjanos esta pulguita y vete tranquilamente al apacible Don, cúrate las heridas que te hayan hecho luchando por la patria, y cuando estés de vuelta, esperamos que para entonces habremos hecho nuestra labor.

PLÁTOV.- ¡Esperamos! has oído tú el dicho: "Pensábamos estirar la cuerda y lo que hicimos fue apretar los nudos"? No, tenéis que decírmelo claramente: ¿lo haréis? (*Los armeros se miran unos a otros.*)

EGÚPIK.- ¿Y qué le vamos nosotros a hacer si de antemano no te lo podemos decir?

PLÁTOV.- (*Chillando.*) ¿Cómo que no podéis, tipos indignos? Pero ¿cómo puedo yo dejaros esta maravilla inglesa si no sé que es lo que vais a hacer con ella?

EGÚPIK.- No nos la dejes, padrecito; si no quieres, no nos la dejes: eso es a gusto tuyo. Cógela, cógela sin

46

más. Esto para nosotros no tiene importancia, no significa nada. Sabremos pasarnos sin esa pulga, tenemos bastante con las nuestras.

PLÁTOV.- (*Enfurecido.*) Pero yo a todos vosotros... ¡Marchaos! (*Todos se hacen a un lado para escapar. Queda solo SILUJÁN.*) ¡Quieto, quieto, quieto! ¡Eh!, tú, héroe, ¿cómo te llamas? Ven aquí, siéntate. (*SILUJÁN entra en el trineo.*) Está bien. Así, dime: ¿bebes vodka?

SILUJÁN. ¿Por qué no?

PLÁTOV.- (*Le echa de la cantimplora.*) ¿Así? (*SILUJÁN bebe y sin decir palabra pone el vaso de nuevo. Bebe y vuelve a tender el vaso. PLÁTOV quiere servirse a su vez, pero la cantimplora está ya vacía.*) ¡Eh! ¡Qué pícaro! Bueno, no importa, al diablo. Cuéntame: ¿qué es lo que habéis pensado hacer con la pulga?

SILUJÁN.- (*Se limpia la boca sin prisas y devuelve el vaso a PLÁTOV.*) ¡Uf! Muchas gracias. Pero eso no puedo decírselo. Amen.

PLÁTOV.- ¡Ah!, tu... ¡Bájate, por vida de...! Te has bebido todo mi vodka para nada. ¡Qué caña! ¡Sal, sal, baja de aquí! (*A EGÚPIK.*) Tú, anciano respetable, ven, siéntate. (*EGÚPIK se acerca y se sienta. PLÁTOV carga una pipa enorme, mirando astutamente de reojo a EGÚPIK.*) ¡Vaya!...; así, pues, parece ser que me veré obligado a ir a la fábrica de Pavlovsk; no lo harán peor que ustedes, aunque no era ese mi deseo, pero no sé qué hacer. Es preciso, hace falta...

EGÚPIK.- Pues bien: vete y que Dios te acompañe. Solo que esos de Pavlovsk... que el Señor les de buena salud y mucho éxito en los asuntos, pero esos no pueden compararse con los nuestros y no se lo harán, no. El caso es que nosotros tenemos a Levshá; él puede hacer lo que quiera: ¡trrr!, y saca de la cabeza, como de un reloj, todas las ruedas y los muelles, los unta con un poco de aceite y los vuelve a colocar en su sitio.

PLÁTOV.- En mi cabeza, hermano, los muelles funcionan perfectamente y no necesitan tu aceite. Pero yo debo saber qué es lo que habéis pensado. ¿Funcionan bien tus muelles? Sí, vaya, di: ¿qué es lo que vais a hacer? (*Mira astutamente a* EGÚPIK *y enciende la pipa.* EGÚPIK *se levanta parsimoniosamente y se dispone a bajar del trineo.*) Quieto, quieto; ¿adónde vas?

EGÚPIK.- El caso es, señor, que yo no fumo; me lo prohíbe mi religión; a causa del veneno del tabaco se produce el vértigo en las piernas. (*Sale.*)

PLÁTOV.- ¡Puf! ¡Eh! (*Busca con la vista a* LEVSHÁ.) ¡Eh!, tú, cara sucia, ¿cómo te llaman?... Levshá, ven aquí un poco conmigo, siéntate. (*LEVSHÁ sube al trineo y se sienta.*) ¿Fumas tabaco de Zukov?

LEVSHÁ.- Ciertamente, aunque... lo usaríamos... técnicamente...; solo que hoy tengo ya, ¿cómo se dice?, un flautín... Tengo metido en el pecho el negro humo de la fragua, no puedo más.

PLÁTOV.- ¡Espera un poco! Y vodka, ¿bebes?

LEVSHÁ.- Además de todo lo que resta... Sí..., solo que hoy, por así decir, como... (*Termina señalando con un gesto que hoy ha bebido bastante.*)

PLÁTOV.- ¡Ah!, pero me estoy dando cuenta, hermano, de que tu eres el más pillo de todos. Bueno, y las muchachas, ¿te gustan?

LEVSHÁ.- Eso, sí... ¡Eso, técnicamente!

PLÁTOV.- Entonces escucha, Levshá. Si es así, tú tienes mucho ingenio. Y así, pues, ¿quieres casarte con esa muchacha? (*Indica a MASHKA.*)

LEVSHÁ.- (*Lanza una exclamación y tira el gorro al suelo.*) ¡Cómo! ¿En serio, de verdad? ¡Mashka, eh, Mashka!

PLÁTOV.- ¡No, hermano, para! Primero la collera y luego la cincha. Tú dime antes qué es lo que habéis pensado hacer con la pulga.

LEVSHÁ.- (*Se rasca.*) ¡Eh! (*Mira a MASHKA, a PLÁTOV y luego de reojo a EGÚPIK.*) Claro, bien, aunque... (*Levanta el gorro y se lo pone con aire decidido.*) ¡Eh! ¡Es decir, de ningún modo! ¡Cualquier otra cosa, si; pero eso, de ningún modo! ¡Verdaderamente, es decir, nada!

PLÁTOV.- ¿Ah, sí? ¡Eh, silbadores! (*LEVSHÁ se lanza afuera con intención de escapar.*) ¡Quieto, quieto, quieto! (*PLÁTOV prueba a beber de la cantimplora, pero esta vacía; la tira rabioso al suelo y la hace añicos.*) ¡Uf! Bien, vecinos: está visto que no hay nada que hacer; hágase lo que ustedes quieran. ¡Aquí está, cogedla, haraganes, uf, uf, uf! (*Entrega a LEVSHÁ, fuera de sí, el estuche de la pulga. Más tranquilo.*) Queridos hermanos, así, pues, procurad hacer lo posible de cualquier modo que sea... (*Gritando.*) ¡Es una orden terminante! ¡Que para que quede bien el honor ruso no se pierda un minuto! (En tono afable.) Puesto que, quiero decir, esa es la madre Rusia... Daremos nuestros huesos al trono de la madre patria... Aunque estemos muertos... (*Grita.*) ¡Sssilencio! Yo debo entregar vuestro trabajo al zar pasados cuarenta días con sus noches. ¡Que para entonces este hecho! De lo contrario... (*Levanta el puño.*) ¿Habéis comprendido?

EGÚPIK.- Muchas gracias; hemos comprendido.

PLÁTOV.- En marcha.

COSACOS.- ¿Adónde, comandante?

PLÁTOV.- Al Don apacible. (*Los COSACOS parten cantando, gritando y silbando. LEVSHÁ, con la boca abierta, se ha quedado con el estuche en las manos. La MUCHACHA AVISPADA sale corriendo y sigue con la vista, haciendo visera con la mano, a los que han partido.*)

Los DE TULA.- ¿Habéis visto que puño? ¡Causa un miedo cerval! (*Se van en distintas direcciones.*)

EGÚPIK. Entonces, hermanos, a trabajar: el agua corre y el tiempo pasa. Tú, Levshá, exprime rápido tus sesos para ver qué hacemos y cómo lo hacemos...

LEVSHÁ.- Técnicamente, esto es...

EGÚPIK.- ¡Justo, justo! Yo voy a poner una vela a Nikola Kuznieskiy y a Zosim Savvatiy, hermanos de fatigas.

TELÓN

CALDEO l.º- (*Sale al proscenio delante del telón.*) ¡La representación continúa! Y precisamente en la ciudad de Tula, sita en nuestra patria, y en la que está plenamente desarrollada la industria. ¿Oyen como golpean con los martillos? (*Vase. Toca la música, se oye el batir de los de los Armeros contra el hierro. La misma Tula que en el cuadro primero, pero ahora en medio del escenario se ve la casita de los Armeros. Los VECINOS de Tula, los de la linterna mágica y MASHKA están atentos a lo que sucede en la casita.*)

VECINO l.º- Golpean?

VECINO 2.º- Golpeando están...

VECINO 3.º- Ni comen ni beben.

VECINO l.º- No dejan entrar a nadie.

VECINO 2.º- No se sabe lo que hacen.

VECINO 3.º- Dejadme que pruebe a ver... (*Se dirige a la casita y llama a la ventana, que se entreabre ligeramente.*)

Voz de EGÚPIK.- ¿Quién esta ahí?

VECINO 3.º- (*Cambiando su voz.*) Un pobrecito de Dios, un caminante. Déme un poco de lumbre para encender el pitillo.

EGÚPIK.- (*Se asoma, y al ver quien es, habla pri-*

mero en tono normal y luego enfurecido.) ¡Vete... con Dios... montado en los cuernos de tu diabólico tabaco! No tenemos tiempo, las horas vuelan. (*Cierra de golpe la ventana. El* VECINO 3.° *se aleja rascándose.*)

VECINO 2.°- (*Se dirige a la casita llevando un barreño de cobre, golpea en el barreño y grita.*) ¡Oh amigos, fuego! ¡Ay, incendio, fuego! ¡Abajo, echa agua, hazlo pedazos!

EGÚPIK.- (*Se asoma.*) ¿Dónde está el incendio?

VECINO 2.°- (*Señala con la mano a un lado.*) Allí. ¡Hay que ver cómo arde!

EGÚPIK.- Bien, que se queme; qué se le va a hacer; que Dios os ayude; nosotros estamos ocupados. El plazo ha terminado y Plátov puede llegar de un momento a otro. (*Cierra de golpe la ventana; el* VECINO 2.° *se va.*)

MUCHACHA MASHKA.- (*Se dirige a la casita y llama a la ventana.*) ¡Levshá, eh, Levshá! (*Con voz melosa.*) ¡Levshá, vamos a hacernos el amor! (*Aún más melosa.*) ¡Levshá, vamos a hacernos el amor! (*La ventana se abre con gran estrépito;* LEVSHÁ *se asoma hasta la cintura, pero desde dentro dos manos le atrapan de repente por el cuello, dos manos más le cogen por la cabeza y entre las cuatro le meten dentro; la ven-*

tana se cierra con gran ruido. De diversos puntos llegan corriendo y gritando varios VECINOS de Tula.)

Los DE TULA.- ¡Los cosacos!... ¡Vienen al galope! ¡Muchachas, escapaos por donde podáis! (*Entran los COSACOS de Plátov en el mismo orden que la vez anterior, pero más desenfrenados aún.*)

PLÁTOV.- ¡Quietos, parad, quietos! ¡Atrás, diablos, quietos! ¿Dónde están los armeros? ¡S-s-silencio! (*Los DE TULA callan.*) Pero ¿qué os pasa? ¿Es que se os ha comido una vaca la lengua?

VECINO l.°- Pero tu mismo, excelencia, has dicho: "Si-lencio."

PLÁTOV.- Ssssi... ¡Puf ! Decidme inmediatamente donde están los armeros.

VECINO l.°- Ahí estén. ¿Oyes cómo golpean con los martillos?

PLÁTOV.- ¿Cómo es que golpean, canallas? ¡No está preparado todavía? Pues yo les... (*Alza su puño descomunal. A los SILBADORES.*) ¡Traédmelos ahora mismo vivos o muertos! ¡Huyuyuy! (*Se enfurece.*) ¡Les romperé los dientes! (*Los SILBADORES se acercan al galope a la casita, llaman a la ventana, a la puerta; nadie contesta. Vuelven al lado de PLÁTOV y se quedan a la expectativa delante de él.*) ¡Sacadlos de ahí!

SILBADORES.- (*Cogen un palo cada uno y entonan la canción "Dubinushka".*)

¡Eh, nuestra ciudad de Tula es débil!

Vienes a ella muchacha y te vas mujer.

¡Eh, Dublnushka, pégale!

¡Que la que es verde anda por si sola!

¡Uno! ¡Uf! ¡Uno! ¡Eh!

LOS DE TULA.- ¡Mira, mira! ¡Mira lo que hacen! ¡Están arrancándolo todo de cuajo! ¡Hasta los cimientos! (*Los SILBADORES cogen el tejado por debajo entre todos y lo tiran abajo. Solo queda suspendido un candil no se sabe de donde. Se ve a los armeros de medio cuerpo para arriba. Los SILBADORES se apartan a un lado y se detienen, tapándose las narices.*)

SILBADOR l.°- Pero ¿cómo podéis respirar en semejante atmósfera, bellacos? ¿Acaso no sois cristianos?

EGÚPIK.- La atmósfera, debido a nuestra labor ininterrumpida, es realmente un poco densa. Pero ¿quiénes son ustedes para poner obstáculos a nuestro trabajo estatal?

SILBADOR l.°- Pero ¿es que estáis ciegos? ¿No veis que el cosaco del Don, helo ahí, ordena que os presentéis al instante delante de él?

EGÚPIK.- Hazle presente nuestro respeto y dile que vamos inmediatamente. (*Los SILBADORES corren, vol-*

viéndose de cuando en cuando para atrás. Los armeros van detrás de ellos poniendo en orden su ropa al tiempo que caminan. LEVSHÁ lleva el estuche.)

SILBADORES.- (*A PLÁTOV.*) ¡Vienen! ¡Los traemos!

PLÁTOV.- ¡S-s-silencio! (*Los DE TULA, que se habían apartado, van acercándose poco a poco atraídos por la curiosidad. PLÁTOV dice amenazador a los armeros:*) ¿Y bien?

EGÚPIK.- Señor, Jesucristo, hijo, ten piedad de nosotros...

PLÁTOV.- (*Furioso.*) ¡Amén. .., d-diablo! ¿Está listo?

LEVSHÁ.- Está pre-pre-pa-pa-pa-ra-do.

PLÁTOV.- Trae aquí. (*LEVSHÁ se lo alarga. PLÁTOV lo abre, saca de él la nuez con la pulga. La examina.*)

Los DE TULA.- (*Alargando el cuello.*) ¡Mira, mira! ¡El brillante! ¡Igual que si fuese de cobre, brilla tanto que hace daño a la vista! Pero ¡además, está también el puño que infunde pánico al diablo!

PLÁTOV.- (*Se levanta amenazador y se dirige a los armeros.*) Pero ¿qué es lo que habéis hecho, eh? ¿Os estáis burlando? ¿Dónde está vuestro trabajo?

LEVSHÁ.- A-aahí... (*Toca la pulga con el dedo.*)

PLÁTOV.- ¿Dónde ahí? Di-i-i-i. (*Mete la pulga debajo de la nariz de LEVSHÁ.*) ¡Empápate, mete la nariz! ¿Qué es esto, según tú?

LEVSHÁ.- La pu-pu-pulga... La misma pulga ingle-sa, ciertamente.

PLÁTOV.- (*A gritos.*) ¡Que es la misma! ¡Me habéis asesinado!

¡Me habéis decapitado! La pulga está tal y como era. ¡No habéis hecho nada! ¡Ar-artífices! ¡Sois solo capaces de hacer cestos! ¡A que encima habéis estropeado el trabajo de los ingleses! ¡Os voy a matar!

LEVSHÁ.- (*Ofendido, se echa el gorro sobre una oreja.*) Si esta todo igual que estaba, ¿quién puede haberlo estropeado?

PLÁTOV.- S-s-silencio... ¿Quién? ¡Tú, Levshá, zurdo, he aquí quién! ¡Artífice!

LEVSHÁ.- ¿Que he sido yo? ¡Chito! (*Silba entre dientes en señal del máximo desprecio.*) Yo he hecho mi trabajo... técnicamente..., ciertamente...

PLÁTOV.- ¿Qué has hecho? ¿Aún te atreves a decir que lo has hecho? ¡Oh, oh, oh!...

LEVSHÁ.- ¡Y qué es lo que he hecho!... Yo mismo he sido el que lo ha hecho. Presentémonos con esto al zar...; entonces se verá técnicamente. Pero antes de ese momento nadie podrá saberlo si yo no quiero.

PLÁTOV.- ¡S-s-silencio! ¡Te meteré en una botella! ¡La sellaré! "Presentémonos al zar." ¿Es que quieres que hagamos delante del zar el mismo repugnante papel que haces tú ahora delante de mí? ¡No, queridos; bromeáis! ¿Conque vosotros? ¡Yo haré una comprobación! ¡Os desenmascararé! Rápidamente, en un abrir y cerrar de ojos, corro a ver a los artífices ingleses; esos me descubrirán toda vuestra astucia de imbéciles. Y si vosotros, efectivamente, no habéis hecho nada, yo os... (*Amenazo por turno con su enorme puño a cada uno de los armeros, poniéndoselo debajo de las narices. LEVSHÁ retrocede; EGÚPIK hace la señal de la cruz; SILUJÁN se queda plantado igual que si fuera un monumento.*) ¡Silencio! ¡Adelante!

COSACOS.- ¿Adónde, comandante?

PLÁTOV.- A Londres, a verlos. ¡Corred como nunca! (*Silbidos; gritos, pataleo. De súbito, PLÁTOV se pone en pie de un salto.*) ¡Quietos, parad, quietos! (*Se da la vuelta, coge a LEVSHÁ por el cuello y le pone a sus pies en el trineo.*)

¡Estate ahí, hijo de perra; aquí, en el sitio de los perros de lanas! ¡Y no digas esta boca es mía hasta que lleguemos a Londres! Tú responderás por todos. ¡Hala, en marcha! (*Parten.*)

MUCHACHA MASHKA. - (*Corre detrás gimoteando.*) ¡Guapo mío! ¿Adónde te llevan? ¡Ay!, te matarán los paganos...

LEVSHÁ.- (*Saca del trineo la cabeza desgreñada.*) ¡Adiós, Mashka! No te olvides del plazo de cuarenta días... (PLÁTOV *le coge por el pelo y le mete dentro.*)

EGÚPIK.- (*Sereno.*) ¡Paz a su alma, paz eterna! (*Alejándose poco a poco se oyen las notas de una canción. Los* COSACOS *van cantando " ¡Eh!, a Taganrok"...*)

TELÓN

CALDEO 1.º- (*Aparece en el proscenio delante del telón.*) ¡Continúa la representación! Y precisamente vamos a ver la de por sí muy célebre ciudad de Londres, patria de ellos. ¡Eh, el telón!

(*Al alzarse el telón, aparece ante el público Inglaterra; mejor dicho, Londres; es como Petersburgo o Tula, extraordinario. Entra el trineo de Plátov, es decir, la "troika".*)

PLÁTOV.- (*Que se ha elegantizado en honor a los ingleses, lleva guantes blancos y una flor en el ojal. Sale del trineo y ordena a LEVSHÁ:*) ¡Tú, sal de ahí! Silbadores, traedme inmediatamente a sus hombres más extraordinarios: químicos, mecánicos, artífices. Y que sean de la mejor calidad. ¡Hala, rápido!

SILBADOR 1.º- ¡Obedezco! rápido, volando!

PLÁTOV.- (*Bebiendo un sorbo de la cantimplora.*) ¡Uf, ya estoy un poco mejor!

QUÍMICO-MECÁNICO.- (*Entra junto con el ARTÍFICE.*) Aquí estamos; nosotros somos verdaderamente la gente más extraordinaria de por aquí; químicos-mecánicos capaces de hacer de todo, el mejor remedio contra el aburrimiento.

PLÁTOV.- (*Dando muestras de elegancia.*) ¡Ah, "bonjour, bonjour"!

QUÍMICO-MECÁNICO.- (*Sacando un enorme reloj, con aire solemne.*) ¿Qué hora es en el suyo?

ARTÍFICE.- (*Sacando el suyo.*) Menos cuarto.

QUÍMICO-MECÁNICO.- También en el mío son menos cuarto. Muchas gracias.

PLÁTOV.- Bien, me parece haber visto su cara en alguna parte. Pero ¿son ustedes verdaderamente de ellos auténticos?

ARTÍFICE.- ¿Nosotros? ¡No lo juro por la cruz ni por todos los santos! ¡Ni delante de Dios! ¡Que reviente! Pero que a mí...

PLÁTOV.- ¡Stop! Prueba a hacer la señal de la cruz. (*El QUÍMICO-MECÁNICO y el ARTÍFICE hacen la señal de la cruz: sobre la nuca, sobre el hombro y también por detrás, en la espalda, con la mano derecha y con la mano izquierda.*) Está bien, ya veo: ustedes hacen la señal de la cruz, pero no a nuestro modo. (*A los SIL-BADORES, con ternura.*) Silbadores, queridos, denme el estuche que está en el trineo, se lo ruego... (*El SIL-BADOR, asombrado de estos inusitados y delicados modales, permanece inmóvil, abriendo y cerrando los parpados, y PLÁTOV pregunta a grito pelado:*) Pero ¿qué pasa? ¿Te has vuelto loco, hijo de perra?

(*Corrigiéndose, a los ingleses.*) ¡Ah, "pardon, pardon"!
... (*Cogiendo el estuche que le entrega el SILBADOR.*) Y
bien, no ortodoxos, miren: ¿es esto obra de ustedes?

QUÍMICO-MECÁNICO.- (*Prueba con los dientes.*)
¡Sí-í! Nuestro, inglés, de primera calidad.

ARTÍFICE.- Nosotros hicimos esto en acero y le
dimos forma de pulga. ¡Cierto!

PLÁTOV.- Y bien, ¿esta su pulga igual que estaba?

ARTÍFICE.- (*Examinándola.*) Está como antes...
Tiene las mismas dimensiones.

QUÍMICO-MECÁNICO.- (*Tras examinarla.*) No le
han sustituido nada, no han cambiado nada ni en los
cuernos ni en la cola; ha quedado igual que estaba.

PLÁTOV.- ¡Eso no puede ser, no lo creo! Nuestros
artífices de Tula han tenido en sus manos vuestra
extraordinaria maravilla y parece ser que han realizado en ella cierto trabajo secreto, aún más sorprendente que el vuestro. Ahora bien: ellos no dicen que
secreto es ese. Así es que ustedes tienen que obligar a
este maldito Levshá a que les cuente su secreto. ¡S-s-
silencio! ¡Si no aciertan a ver claro en esto os manda-
remos a Siberia! (*Corrigiéndose.*) ¡Ah, "pardon, pardon, pardon"!

QUÍMICO-MECÁNICO.- No tiene importancia... No
pase cuidado, acertaremos a ver claro.

PLÁTOV.- Muy agradecido, agradecidísimo. (*A LEVSHÁ*.) ¡Eh!, tu, monstruo, ¿quieres comer?

LEVSHÁ.- ES... que... no existe ni siquiera un pájaro que cante sin haber comido... ¿Y es que yo soy acaso ahora peor que un pájaro?

PLÁTOV.- (*Al SILBADOR, mostrándole a LEVSHÁ*.) ¡Llévale a la sala de comer de estos!

SILBADOR.- ¡Sí, señor! Al instante. (*Abre una puertecita que hay en un tubo y de este salen llamas acompañadas de un gran fragor. Empujan dentro a LEVSHÁ*.)

LEVSHÁ.- (*Se defiende con todas sus fuerzas y grita.*) ¡Ay Reina de los cielos! ¡Ay, que tu poder ya no sirve! ¡Ay, que me abandonas! ¡Ay Mashka, las oraciones no...!

PLÁTOV.- (*Al QUÍMICO-MECÁNICO y al ARTÍFICE*.) ¡Bah!; entre tanto, les deseo que sigan bien. Yo tengo que darme prisa para ver al zar en Petersburgo. (*Se sienta en el trineo.*) ¡Adelante! (*Hace a los ingleses gestos de despedida con la mano.*)

QUÍMICO MECÁNICO.- Buen viaje. ¡El camino está plagado de baches! (*Sacando el reloj del bolsillo se dirige al ARTÍFICE.*) ¿Qué hora tiene?

ARTÍFICE.- Menos cuarto.

QUÍMICO-MECÁNICO.- ¡También yo tengo menos

cuarto! Vamos por Levshá. (*Realizan el mismo viaje que LEVSHÁ, siguiendo el mismo orden que él. En el intervalo, LEVSHÁ, acompañado de llamas y ruidos, cae del tubo en la cámara de comer. Según es costumbre en Inglaterra, se acerca a él una mesa servida y una silla. LEVSHÁ se encasqueta bien el gorro, retrocede; después toca con cautela la silla; no pasa nada; se sienta en ella; nada. De súbito, de un lado de la pared sale silenciosamente un enorme botón que se dirige directamente sobre LEVSHÁ.*)

LEVSHÁ.- ¡Aparta..., aparta..., aparta, fuerza impura! (*Apoya la mano sobre el botón; el botón desaparece; suena un timbre. LEVSHÁ se pone en pie de un salto, presto a escapar. Entra un CAMARERO inglés del mismo tipo que los del restaurante Teitov, en Moscú; viste de blanco y tiene la cara negra. LEVSHÁ le contempla abriendo desmesuradamente los ojos.*) Qué cara tienes, ¿eh? ¿Entiendes lo que te digo?... ¡Me traes el "samovar" y una libra de pan gris, pero que esté hecho con pasas; pon mucho cuidado! (*El CAMARERO se sonríe, hace gestos negativos con la cabeza, y LEVSHÁ, levantando la voz, se dirige a él.*) Te estoy diciendo que me traigas té, ¿entiendes? No entiendes el idioma extranjero; quiero té después del viaje, ¿entiendes?

CAMARERO.- "Don't understand".

LEVSHÁ.- ¡Don-don-don! Necio y nada más. Ya podían hablar ruso como nosotros; es muy sencillo y todos lo entienden, y no que "don-don-don"... Bien, comer, nutrirse, devorar..., ¿has comprendido? ¡Kala-mala-bala-ham-ham! (*Hace ruido con los dientes y se señala la boca con la mano.*) ¿Comprendido?

CAMARERO.- "Yes, yes".

LEVSHÁ.- ¡Es un verdadero demonio! Igual que un demonio. ¡Parece que le ha llegado, gracias a Dios! ¡Qué risa!

CAMARERO.- Ustedes si que son cómicos. Como somos ingleses, no podemos hablar con ustedes en ruso. ¿Es que es tan difícil de comprender? (*Sale. Mientras está ausente, LEVSHÁ lo examina todo, mira debajo del mantel, raspa acá y allá en la silla. Oprime un botón y a poco la mesa comienza a retirarse al tiempo que sale de nuevo el botón de antes y se dirige hacia él. LEVSHÁ se asusta, trata de sujetar la mesa con una mano, mientras con la otra rechaza el botón. Suena de nuevo un timbre estridente, la mesa se para; entra el CAMARERO trayendo platos y dice:*) "Seat down!" (*Le ofrece un pan que tiene la forma de una hogaza enorme.*)

LEVSHÁ.- ¿Hasta hartarse? Está bien, pero si para

ustedes estos son panecillos, ¿qué serán aquí las hogazas? (*El CAMARERO pone sobre la mesa un plato de "pudding" y enciende el ron.*) ¡Eh, eh!, ¿qué es eso, cara negra?

CAMARERO.- "Pudding".

LEVSHÁ.- ¿Gelatina? ¡Bonita gelatina es esa que lanza llamas! No, amigo; quizá sea buena para usted; los diablos en el infierno deben de comer gelatina de esa clase... Técnicamente... Pero yo no sé si nosotros podríamos comer estos alimentos... Y, en resumidas cuentas..., yo digo..., además..., hasta puedo prenderme fuego por dentro. ¡Llévatelo, llévatelo, no sea que vaya a suceder una desgracia! (*Retira el plato.*) ¡Vaya, llévatelo, no quiero ni tocarlo! (*El CAMARERO se lo lleva. LEVSHÁ toca algo con el dedo, olfatea otra cosa. Corta una gruesa rebanada de pan y, después de santiguarse, comienza a comer. Da vueltas por la habitación.*) Necesito ver pronto como están las cosas de estos ingleses. (*Gira un poco, se hace más oscuro; gira de nuevo, esclarece; gira aun más, se apaga la luz; saltan chispas y se oye gran estruendo; se aterroriza.*) ¡Eh, Siluján, que pegan a los nuestros! (*Entran los ingleses por el tubo.*)

QUÍMICO-MECÁNICO.- ¿Qué es lo que hace esto aquí? ¡Extinga esa llama infernal! (*Cesa todo de repen-*

te, se enciende la luz y dice a LEVSHÁ, dándole golpecitos en la espalda:) ¡No es nada, no es nada, no temas! Nosotros (*Se señala a sí mismo.*) somos ingleses; tú (*Señalando con el dedo extendido a LEVSHÁ.*) eres un artífice ruso; seamos amigos, ¿comprendes?

LEVSHÁ.- Está bien, digo, es cierto... Hay a quien le gusta y hay a quien no.

QUÍMICO-MECÁNICO.- (*Pone en un rincón el estuche, lo cubre con el sombrero. Tira de la manga al ARTÍFICE y le habla aparte.*) En primer lugar, le daremos pan líquido (*Se da un golpecito en el cuello.*); verás cómo se le va a soltar la lengua. (*A LEVSHÁ.*) Bien, amigo: ¿deseas beber agua más fuerte que esta? (*Se da unos golpecitos en el cuello.*) ¿Entiendes?

LEVSHÁ.- (*Se pone el gorro, titubea.*) En cuanto a comprender, digo, claro es que también comprendemos...

QUÍMICO-MECÁNICO.- ¡Siéntate, siéntate, amigo, que esto hace falta pensarlo! Para celebrar nuestra primera conversación no hay más remedio que beber de las lágrimas del grano. (*De la pared avanza el botón. El QUÍMICO-MECÁNICO lo aprieta; suena un timbre; entra corriendo el CAMARERO.*) ¡Adelante, camarero; trae una jarrita y entremeses para tres!

CAMARERO.- ¡Sí, señor! (*Sale corriendo.*)

QUÍMICO-MECÁNICO.- (*Al* ARTÍFICE, *con tono solemne.*) ¿Qué hora tiene usted?

ARTÍFICE.- Menos cuarto.

QUÍMICO-MECÁNICO.- También en el mío son menos cuarto. Muchas gracias.

LEVSHÁ.- (*En el intervalo observa al* ARTÍFICE, *le palpa el traje.*) ¡Mira, qué chaleco! ¡Psch..., técnicamente! Apostaría a que el paño es inglés.

ARTÍFICE.- ¿De dónde, si no, puede ser? Ciertamente que sí, es inglés de Morosov.

QUÍMICO-MECÁNICO.- (*Llena los vasos.*) Bien, amigo; luego, a su debido tiempo, hablaremos de los asuntos; ahora, lo primero que vamos a hacer es echarnos aguardiente.

LEVSHÁ.- (*Examina con expresión dudosa el aguardiente, se rasca la nuca.*) Cierto..., sí..., como si fuera contra el resfriado... Solo que con ustedes hay que estar atento. Ustedes..., ¡oh!

QUÍMICO-MECÁNICO.- Nosotros, ¡oh, oh!, pero tu también, no seas malo. ¡Ay, ay, ay! (*Amenaza a* LEVSHÁ *con el dedo.*) ¡Así, pues, bien venido! (*Bebe.* LEVSHÁ *le imita.*) Y así, ustedes navegaron por el océano.

LEVSHÁ.- Navegamos.

QUÍMICO-MECÁNICO.- ¿Y caminaron sobre el hielo?

LEVSHÁ.- Caminamos.

QUÍMICO-MECÁNICO.- Pues nosotros también seguiremos nuestro camino. (*Beben.*)

LEVSHÁ.- ¡Huy! ¡Es fuerte!

QUÍMICO-MECÁNICO.- Así es, amigo, que es más fuerte?... (*Hace una pausa de sopetón.*) ¿Nuestro vodka o vuestro secreto de Tula?

LEVSHÁ.- ¿Qué..., qué..., qué secreto? (*Se inclina hacia el ARTÍFICE y le coge una pierna, levantándosela como si le fuera a herrar.*) ¡A-ah, oye tú..., que polainas tienes! Esta herradura que llevas, ¿para qué sirve?

ARTÍFICE.- Para pisar cuando bailamos nuestro "Kazakov" o nuestro "Kamarinskiy" ingleses. Nosotros sentimos por esto mucho respeto.

LEVSHÁ.- (*Guiñando un ojo.*) Ahí está, amigos; sí, entonces, verdaderamente, en las herraduras sabréis... dónde está todo el secreto. Sí.

ARTÍFICE.- (*Da un codazo al QUÍMICO-MECÁNICO.*) ¡Se le ha subido! Venga, tírale de la lengua.

QUÍMICO-MECÁNICO.- (*Frenando al ARTÍFICE.*) ¿Cómo que en las herraduras? Explícalo en tu lengua rusa, haz el favor.

LEVSHÁ.- (*Se ladea el gorro sobre la oreja; el vino le ha hecho más temerario.*) ¡Qué tontos sois! En mi lengua rusa está todo técnicamente claro: digo que el

69

secreto esta en las herraduras. Después, con el tiempo, lo sabréis todo. (*Guiña el ojo maliciosamente.*)

ARTÍFICE.- (*Desilusionado.*) ¡A-a-a-ah! ¡Después, con el tiempo! (*Al QUÍMICO-MECÁNICO.*) Echa más.

QUÍMICO-MECÁNICO.- (*Al ARTÍFICE.*) ¡NO hace falta que me lo digas! (*A LEVSHÁ.*) Bien, amigo, ¿quieres un poco de nuestro aguardiente amargo para hacer un pequeño descanso? ¿Eh? (*Le sirve. LEVSHÁ observa con recelo.*) Que, ¿crees que ha sido preparado con vitriolo? ¡No tengas miedo! Es auténtica, de la decimocuarta clase!

LEVSHÁ.- (*La huele.*) Bueno, a pesar de que os conozco... (*Hace un gesto con la mano y se ladea el gorro sobre la oreja.*) ¡Eh! ¡Buenos días, copita; adiós, vino! (*Se santigua con la mano izquierda; bebe. Luego canta moviendo la cabeza.*) ¡Eh, Tula, Tula, Tula, yo...!

ARTÍFICE.- (*Al QUÍMICO-MECÁNICO.*) Entonces, ¿qué? ¿Traemos el estuche?

QUÍMICO-MECÁNICO.- (*Al ARTÍFICE.*) ¡No te entremetas, necio! (*A LEVSHÁ.*) ¿Por qué haces la señal de la cruz con la mano izquierda? ¿Es que acaso eres luterano?

LEVSHÁ.- ¡No, yo sigo la fe rusa; yo, técnicamente...! Y esto... es porque, pongamos por ejemplo, habéis de saber que yo soy zurdo.

70

ARTÍFICE.- ¿Zurdo? ¿Y qué significa eso?

LEVSHÁ.- (*Cada vez más osado por el vino ingerido.*) ¿Que qué es eso? Pues quiere decirse que todo lo que usted hace con la derecha yo lo hago con la izquierda...; sencillísimo. Sí-í. ¡Para que vean como soy yo!

ARTÍFICE.- ¡Admirable! (*Al QUÍMICO-MECÁNICO.*) ¡Vaya, que si estos se pusiesen a trabajar del mismo modo con la derecha y les diesen un poco de instrucción estábamos perdidos! (*A LEVSHÁ.*) ¿Ha estudiado la ciencia de la aritmética?

LEVSHÁ.- ¿Para qué? No, hermanos; si alguna vez hace falta, hacemos así. Nos entendemos con los dedos... Sí.

ARTÍFICE.- (*Echa vino; LEVSHÁ bebe.*) ¡Sería mejor si conociese las cuatro operaciones de la aritmética, sería muy útil!

QUÍMICO-MECÁNICO.- Sí. Dicho de otro modo, usted tiene habilidad en las manos, pero también en ellas reside la confusión. Así es que usted no ha reflexionado en que un mecanismo tan pequeño como el que tiene la pulga está calculado con la más extrema precisión. Al desconocer la aritmética y al tratarlo a golpes lo habéis destruido.

LEVSHÁ.- ¿Qué? ¿Que nosotros lo hemos estropeado? ¿Seguro que hemos sido nosotros?

QUÍMICO-MECÁNICO.- (*Haciendo un guiño al ARTÍFICE.*) Sí, ustedes mismos.

LEVSHÁ.- ¿Que nosotros lo hemos destruido? ¡Eh, andaos con cuidado, paganos de frente desnuda! ¡Traed aquí! ¡Os voy a hacer ver... cómo lo hemos estropeado! Estropeado, ¿eh? ¡De modo que nosotros!

QUÍMICO-MECÁNICO.- (*Al ARTÍFICE.*) ¡Rápido, trae el estuche!

LEVSHÁ.- (*Enfadado.*) ¡Os voy... a hacer ver una cosa que os va a dejar con la boca abierta! Yo os... (*El ARTÍFICE trae ya la caja. LEVSHÁ vuelve en sí, se encasqueta el gorro, se pone en pie.*) ¡Quieto! ¡Quieto! (*Se lleva las manos al vientre.*) ¡Ay, no! ¡No puedo! ¡Ay, no puedo! ¡Ay, ay, rápido!

ARTÍFICE.- (*Se detiene.*) ¿Qué le pasa?

LEVSHÁ.- ¡Ay, me ha dado el mal de vientre, así es, teóricamente! Sacadme fuera. ¡Ay, rápido, ay, rápido!

ARTÍFICE.- (*Le lleva a donde pide y vuelve al lado del QUÍMICO-MECÁNICO.*) Pero ¡esto solo el diablo sabe lo que es! Creíamos que era como quien dice tonto, pero resulta que es más astuto que una mosca. Bueno, ¿qué vamos a hacer, que otra cosa podemos hacer ahora con él?... ¡Madre santísima!

QUÍMICO-MECÁNICO.- debería darle vergüenza, señor! ¡Tener miedo! Y pretende usted ser inglés.

ARTÍFICE.- Pero ¡recapacita un poco, ni siquiera el vino le hace efecto a este diablo de la mano zurda!

QUÍMICO-MECÁNICO.- ¡Puedes estar tranquilo! En cuanto salga de ahí, le tocaremos el amor propio hablándole de nuestras verdaderas maravillas inglesas y verás cómo despide el secreto lo mismo que despide el tapón la botella de champaña. ¿Has comprendido, cabeza de chorlito?

LEVSHÁ.- (*Vuelve, poniendo en orden su ropa. Canta.*) ¡Tula, Tula, Tula, ay Tula, patria mía! (*Se aproxima.*) Digo... vuestros cuartos de aseo, como este en el que acabo de estar, realmente son ..., desde el punto de vista técnico... Solo que están demasiado limpios, son incómodos. Los nuestros son mejores.

QUÍMICO-MECÁNICO.- ¡Los cuartos de aseo! ¡Eso no es nada! Danos tiempo y te asombraremos aún más. ¡Verás, ven aquí!

LEVSHÁ.- Bien, enseñadme...; digo, qué cosa tenéis que... se... (*Se acerca, se burla de todo. Canta.*) Tula, Tula, Tula, eh. (*Entre otras maravillas ve una iglesia, y, cansado ya de cantar "Tula", comienza a santiguarse.*) ¡Hum!, pero esto que tienen ustedes aquí es como si fuera una iglesia. ¿Con que fin esta aquí?

QUÍMICO-MECÁNICO.- (*Acercándole la iglesia.*) Esto que tenemos aquí, sírvase verlo, es la verdadera catedral romana de Pedro y Pablo; está hecha con una cantidad incalculable de oro, plata y otros metales preciosos sobre una base de auténtico mármol.

LEVSHÁ.- (*Hace " psch" entre dientes.*) ¡Sobre mármol! ¡Qué cosa! Pues nosotros, amigo, tenemos en Moscú a Nikola sobre lágrimas, a Nikola sobre sables, a Nikola sobre patas de gallina, a Nikola sobre los frailes. Eso sí que es extraordinario. ¡Y no que sobre mármol!

ARTÍFICE.- ¡Sobre frailes! ¡Sorprendente! ¿Y se sostiene?

LEVSHÁ.- ¿Cómo no? El nuestro, amigo, es severo: si a ti te lo dice, te mantienes también sobre los frailes. ¡Técnicamente! (*Canturrea.*) Tula, Tula, Tula, ay... Y esto, este tubito, ¿qué es?

QUÍMICO-MECÁNICO.- (*Saca al primer plano un enorme barómetro.*) ¡Oh, esto sí que es sorprendente! Se llama barómetro. Lo mejor para salvarse en caso de naufragio. Predice el buen tiempo con veinticuatro horas de retraso, el mal tiempo con anticipo.

LEVSHÁ.- Bueno; eso, en comparación con lo nuestro..., por ejemplo..., no vale nada. Sí-í. Yo en Tula tengo, como decirles, una abuela; antes que haga mal tiempo se le ponen unos dolores en los costados…, una semana antes, técnicamente. ¡Y ustedes, en cambio, veinticuatro horas antes!

ARTÍFICE.- ¿De veras? ¿Una semana antes? ¡Maravilloso!

LEVSHÁ.- (*Canturrea.*) Tula, Tula, Tula está completamente revuelta, menudo postín se da… (*Gira, mira, se detiene.*) ¡Hum! Y esto que parece un caserón, ¿para qué habitantes es, sabrían decírmelo?

QUÍMICO-MECÁNICO.- Esto, haga el favor de verlo, es la así llamada pirámide donde está metido, con mucho cuidado, un maravilloso faraón egipcio que ni come ni bebe y lleva ahí quizá más de tres mil años.

LEVSHÁ.- (*Silba entre dientes.*) ¡Pues anda… que tiene gracia!

ARTÍFICE.- ¿Por qué?

LEVSHÁ.- Porque nosotros tenemos una cantidad tal de estos faraones que podríamos hacer con ellos un dique; en Moscú los hay en cada esquina, son una maravilla gratuita. En cambio, ustedes… exigen que se pague por verlos. ¡Pues tiene gracia! No, enséñenme ustedes una cosa que nosotros no tengamos.

QUÍMICO-MECÁNICO. - Ahora mismo… Veamos… Por ejemplo, ¿tienes padres, amigo?

LEVSHÁ.- ¡Qué memo eres, hermano! Puede ser

que ustedes, los paganos, sepan hacer salir a los niños igual que sale el agua de esta botella, pero lo que es nosotros, digo yo..., lo hacemos ortodoxa y técnicamente.

QUÍMICO-MECÁNICO.- Pero ¡tú contesta como es debido! ¿Tienes padres? ¿Viven?

LEVSHÁ.- Sí, viven. Bueno..., ¿ y qué?

QUÍMICO-MECÁNICO.- ¿Desearías tener ahora mismo, por ejemplo, una conversación con tus padres?

LEVSHÁ.- (*Ofendido.*) ¿Cómo? Tu, amigo, tienes la cabeza vacía. ¡Bien esta que yo sea como soy, pero no estoy loco! ¿Cómo se puede hablar de aquí a Tula?

QUÍMICO-MECÁNICO.- Para eso, amigo, tenemos una maravilla como tú no la has visto en tu vida y hubieses muerto sin verla. Hela aquí: se llama el radioteléfono.

LEVSHÁ.- Si eso es para los padres, quiere decirse que yo solo puedo hablar con ellos. Pero ¿y si yo, por ejemplo, no quisiera hablar con mis padres, sino todo lo contrario? Dime: ¿podría hablar con cualquier ciudadana?

QUÍMICO-MECÁNICO.- Da lo mismo. Ven, haz el favor; aprieta, hazlo girar; habla con quien quieras: con los padres o al contrario.

LEVSHÁ.- ¿Pruebo? (*Aprieta el botón, se oye un timbre muy fuerte, saltan chispas; LEVSHÁ parpadea, se pone todo él en tensión. Llama tímidamente.*) ¡Mashka, eh, Mashka! (*Más alto.*) ¡Mashka!

La voz de MASHKA.- ¿Es posible que seas tú, Levshá? ¡Guapo mío!

LEVSHÁ.- (*Tira el gorro al suelo, abre la boca a más no poder.*) ¡Puf, caramba! ¡De verdad que es mi Mashka, técnicamente! ¡Lo juro!

LA voz de MASHKA.- ¡Levshá, eh, Levshá!

LEVSHÁ.- ¡Un momento! (*Se rasca la nuca, reflexiona. Lo ha encontrado. Habla a los ingleses.*) Si quieren les puedo hacer ver ahora mismo una maravilla... del otro mundo..., mejor que esa corneta para hablar.

QUÍMICO-MECÁNICO.- ¡Te jactas demasiado, ten cuidado no te vayas a pillar los dedos! ¡Ten cuidado!

LEVSHÁ.- ¡Vaya, mira! La oigo sin necesidad de corneta. Sí. Es mi Mashka...; se puede decir que aún no ha hablado..., y yo ya sé que es lo que va a decir.

QUÍMICO-MECÁNICO.- ¡Qué poder! ¿Y qué es lo que va a decir?

LEVSHÁ.- Pues lo siguiente... (*Cuchichea algo al oído del QUÍMICO-MECÁNICO.*)

ARTÍFICE.- ¿El qué? ¿E1 qué? (*El QUÍMICO-MECÁNICO habla al oído del A ARTÍFICE.*)

Voz de MASHKA.- ¡Levshá, eh, Levshá!

LEVSHÁ.- ¿Qué quieres, Mashka, querida mocita mía?

Voz de MASHKA.- ¡Levshá, vamos a hacernos el amor!

ARTÍFICE.- Que el diablo le lleve. ¡Es verdad!

QUÍMICO-MECÁNICO.- ¡Sin quitar una coma!

LEVSHÁ.- ¡Tal y como lo dije!... Tranquilícense; por más vueltas que le den, ustedes..., como decirlo..., técnicamente, no... (*Se pone a tocar el acordeón, entusiasmado.*)

ARTÍFICE.- Pero ¡solo el diablo sabe lo que es esto! ¡Bien, basta ya de jugar con las maravillas! Ahora yo te haré ver una cosa que es verdaderamente la más grande... ¡Vaya, mira! (*Entrega a LEVSHÁ un fusil.*)

Voz de MASHKA.- (Debilitada por la distancia.) ¡Levshá, eh, Levshá!

LEVSHÁ.- (*Deja el acordeón y escucha.*) Amigos, por favor os lo pido, dejadme ir... a casa..., ¿eh?

ARTÍFICE. ¡Te he dicho que mires, diablo lisiado!

LEVSHÁ.- (*Coge el fusil de mala gana. Lo examina, y de repente da muestras de excitación.*) Ts-ts-ts... ¡Esto verdaderamente está bien! ¡Esto sí que técnicamente...! (*Lo toca, lo acaricia.*) ¡Caramba! Que pulimentación, ¿eh? ¡Es exactamente igual que si se acariciase la espalda de una muchacha! (*Se levanta con el fusil en las manos y se dirige hacia los ingleses. Los abraza.*) ¡Haraganes! ¡Queridos!

ARTÍFICE. ¿Qué te pasa? ¿Te has vuelto loco?

LEVSHÁ. ¡Eh! ¡Es un trabajo muy bueno!

ARTÍFICE. ¡Ah, ah! ¡Te ha conmovido!

LEVSHÁ.- (*Acaricia el cañón.*) Y dentro también, dentro... ¡Ayayay! (*Mira el interior del cañón, mueve la cabeza, suspira.*) ¡Eh! ¿Está pulido con ladrillo o qué?

QUÍMICO-MECÁNICO.- ¿Qué estupidez es esa? ¡Con ladrillo! Vosotros quizá lo hagáis con ladrillo, pero nosotros lo hacernos con un polvo finísimo, del tipo del que se emplea contra las chinches persas.

LEVSHÁ.- Dios no quiera que haya una guerra... ¿Qué íbamos a hacer nosotros con nuestras carabinas? ¡Eh! (*Examina una vez más el fusil; suspira. A poco baja el fusil.*) Hermanos, en nombre de Cristo, dejadme volver a casa.

QUÍMICO-MECÁNICO.- ¿Qué quieres decir? ¿Cómo hay que entender eso?

LEVSHÁ.- Pues como lo digo. A pesar de que... les agradezco sus atenciones y de que estoy muy contento de todo lo que han hecho por mí, no obstante... ¡No puedo continuar más aquí! Lo cierto es que aquí... (*Se pone la mano sobre el corazón.*)

QUÍMICO-MECÁNICO.- ¡Ah, vamos, te ha atacado la melancolía! Pero nosotros, ahora mismo, te haremos ver una cosa tal... Hela aquí, mira...

LEVSHÁ. ¡No puedo! Mejor sería que me hicieseis ver hacia donde cae Rusia, mi Rusia.

QUÍMICO-MECÁNICO.- ¡Rusia, Rusia! Mejor sería que te quedases con nosotros; aquí los artífices viven bien, con su familia; a cada miembro le corresponden cuatro "arshines" cúbicos de aire...

LEVSHÁ.- ¡A mi no me hace falta vuestro aire cúbico, yo no me puedo pasar de ningún modo sin mi aire ruso! ¡Y, además, estoy todavía, como suele decirse, en estado célibe! Y para mí, estando solo..., sería muy triste. En cambio, allá yo tengo...

QUÍMICO-MECÁNICO.- ¡Qué individuo! ¿Por qué no lo has dicho? En un caso así, un guiño, una palabra al oído... (*Al ARTÍFICE.*) Trae inmediatamente a tu muchacha inglesa, a Mary.

ARTÍFICE.- ¡Ahora mismo! (*Trae a MARY.*)

MARY.- (*Entrando.*) ¡Aquí estoy!

QUÍMICO-MECÁNICO. (*A LEVSHÁ.*) Y bien, ¿qué te parece?

LEVSHÁ.- ¡No sé qué decir! Muchacha, a ti te concierne. ¡Sí-í!

QUÍMICO-MECÁNICO.- ¡Así, pues, de acuerdo! En

cuanto digas una palabrita del secreto que habéis realizado en la pulga, nosotros concertaremos en seguida todo con nuestra muchacha inglesa. (*Al ARTÍFICE.*) ¡Adelante!

ARTÍFICE.- ¡Mary, ven aquí! (*La llama con el dedo.*)

MARY.- (*Acercándose.*) Buenos días, hermoso joven Levshá. Estoy muy contenta de conocerte.

LEVSHÁ.- (*Se quita el gorro y lo estruja entre sus manos; mira de reojo.*) ¡Ay, qué desgracia, se parece a mi Mashka!

MARY.- (*Por el radioteléfono.*) ¡Eh, camarero! Trae agua caliente y pasteles para cuatro personas.

Voz del CAMARERO.- ¡Ahora mismo serán servidos! (*Aparece una mesa y las sillas correspondientes. Entra corriendo el CAMARERO con una bandeja y la pone sobre la mesa. MARY coquetea delante de LEVSHÁ.*)

MARY.- (*Sentándose a la mesa.*) ¡Siéntese, por favor! ¡Haga honor a nuestro piscolabis! (*Todos toman asiento. LEVSHÁ no aparta la vista de la espalda de MARY.*)

QUÍMICO-MECÁNICO.- Mira, se ha vestido de punta en blanco por nosotros, mientras que los demás estamos en traje de casa. Vaya, Mary, muestra cómo se hace... Echa un poco de té. (*MARY sirve a*

LEVSHÁ y a ella. Los dos beben. MARY se acerca cada vez más a LEVSHÁ. El QUÍMICO-MECÁNICO, mirándolos de reojo sin que ellos se den cuenta, dice:) ¡Hum..., hum! (*Saca el reloj y pregunta al ARTÍFICE con aire solemne:*) ¿Qué hora tiene?

ARTÍFICE.- ¡Menos cuarto!

QUÍMICO-MECÁNICO.- Yo también tengo menos cuarto. ¡Se lo agradezco! (*MARY continúa acercándose a LEVSHÁ. Este no sabe donde meterse; suda a chorros; coge una servilleta y se seca.*)

MARY.- ¡Y bien, joven apuesto! ¡Yo me acerco a tí y tú te portas como un grosero! (*Abraza a LEVSHÁ.*)

QUÍMICO-MECÁNICO.- La cosa va bien; bueno, Levshá, ¿quieres que bebamos para ultimar el asunto? Tú nos explicas el secreto misterioso de la pulga y nosotros te casamos con Mary.

LEVSHÁ.- (*Se aparta de la mesa de un salto.*) ¡Oh, n-o-o-o-o! Casarme con vuestra muchacha inglesa... Eso es para mi..., ¿cómo decirles?..., imposible de todo punto.

ARTÍFICE.- ¿Y por qué razón? ¿Qué defectos encuentras a nuestras muchachas?

LEVSHÁ.- Pues este, pongo por ejemplo...: llevan tanta ropa encima... Y no se comprende para qué sirve..., sí...

ARTÍFICE.- Pero ¿para qué te molesta... la indumentaria?

LEVSHÁ.- (*Turbado.*) Es que... temo que dará vergüenza..., qué hacer, cómo aguardar mientras ella se libera de toda esa impedimenta...; sí..., digo..., Dios permitiese... técnicamente.

ARTÍFICE.- ¡Bah!, eso que dices es mentira, amigo; eso se puede hacer perfectamente. Vaya, Mary, haz una demostración de la técnica del desnudarse. (*MARY, al tiempo que canta con voz automática una canción frívola cualquiera, comienza a desnudarse. LEVSHÁ duda entre salir corriendo o lanzarse sobre MARY. El ARTÍFICE le sujeta.*)

LEVSHÁ.- ¡Ay señores míos, no hace falta! ¡Ay, ay mi Mashka de Tula! ¡Ay, que no sé qué hago, sujetadme! ¡Ay, soltadme! ¡Ay amigos, estoy dispuesto a todo, voy a revelaros el secreto, corred, traedme rápidamente la pulga! (*El QUÍMICO-MECÁNICO y el A ARTÍFICE, empujándose uno a otro, corren a traer la pulga. LEVSHÁ va de un tubo a otro, busca una salida, pero no la encuentra. MARY continúa demostrando la técnica del desnudarse. Aparece el CAPITÁN de la Marina mercante. LEVSHÁ se lanza hacia él.*) ¡Ay, deprisa, rápido! ¡Ay amigo querido, dime por donde podría escaparme!...

CAPITÁN.- Yo soy el capitán de una nave inglesa. ¿Qué quiere usted, Levshá?

LEVSHÁ.- ¡Ay querido amigo! Capitán, llévame lo antes posible a Petersburgo, al palacio del zar.

CAPITÁN.- ¿Por qué no? Eso se puede hacer; con mucho gusto. (*LEVSHÁ se quita el gorro y se santigua. Los dos se van. Entran corriendo el QUÍMICO-MECÁNICO y el ARTÍFICE; traen el estuche.*)

QUÍMICO-MECÁNICO.- ¡Oh Dios! ¿Y dónde está Levshá?

MARY.- (*Con frialdad.*) Se ha ido a Petersburgo.

ARTÍFICE.- Pero ¡esto es cosa del diablo!

QUÍMICO-MECÁNICO.- ¡Corramos detrás de él! (*Silba. Aparece un COCHERO.*) ¡A Petersburgo! ¡A toda velocidad!

COCHERO. ¡Al instante! (*Se van. Aparece una nave en la que se ve al CAPITÁN y a LEVSHÁ. El CAPITÁN mueve el timón. La nave avanza.*)

LEVSHÁ.- ¡Eh, hermanillo! (*El CAPITÁN se queda inmóvil.*) Dime: ¿Hacia donde cae mi Rusia?

CAPITÁN.- ¿Rusia? ¿Y eso quién lo sabe? Debe de estar por allí... (*Señala en dirección al público.*)

TELÓN

Acto cuarto

CALDEO l.º- (*En el proscenio, delante del telón.*) ¡La representación continúa! Y precisamente de nuevo en el palacio del zar, suntuosamente adornado. ¡Eh, la cortina! (*Se alza el telón. La misma decoración que en el acto primero. Petersburgo y el palacio del zar. En escena se ve a un* PORTERO *con su escoba; está comiendo semillas de girasol y tira al suelo las cáscaras. Bosteza; se va. Aparecen* LEVSHÁ *y el* CAPITÁN; *los dos están bebidos.*)

LEVSHÁ.- ¿Acaso es posible que hayamos llegado ya? (*Se fija en algo que hay sobre los escalones; lo recoge.*) ¡Semillas de girasol! ¡Es cierto! ¡Verdaderamente, es Rusia! ¡Ay tu, mocita mía! (*Se tira a tierra y besa el suelo patrio. Se levanta. Al* CAPITÁN.) Tú, organismo de la frente desnuda, ¿te das cuenta de lo que significa Rusia?

CAPITÁN.- No, eso no lo comprendo.

LEVSHÁ.- ¡No te llega, eres demasiado bruto! Pero es lo mismo...; a pesar de todo, siento afecto por ti, querido amigo mío. Así, hasta aquí. ¡Técnicamente! Echemos un trago de despedida, ¿eh? (*El* CAPITÁN *saca una botella del bolsillo.*) ¿Qué número hace esta ya, contando, según se dice, con arreglo a su aritmética?

CAPITÁN.- La treceava. No importa. Bebe, rus... (*Beben. Del lugar de la orquesta sube por los peldaños el DIABLO del pelo rojo.*)

LEVSHÁ.- (*Al CAPITÁN.*) ¡Ay, mira, mira!

CAPITÁN.- (*Tranquilo.*) Fíjate bien, tiene el pelo rojo.

LEVSHÁ.- ¡Rápido, haz la señal de la cruz; que se vaya, es el diablo Murín! Ya te lo decía yo: no había que haber bebido la treceava.

CAPITÁN.- ¿Qué es eso del diablo? Para nosotros ha quedado demostrado con la aritmética: los diablos no existen. ¡Ese es el buzo marino; es manso, no tengas miedo! (*Da al DIABLO un pedazo de pan.*) ¡Anda, come! (*El DIABLO come.*)

LEVSHÁ.- Con todo, es cierto que la aritmética, esa sabe cómo... Pero la verdad es que, caramba, come pan, ¿eh? Dame pan; voy a probar yo también. (*Le coge el pan al CAPITÁN y se lo ofrece al DIABLO, pero tiene miedo y retira inmediatamente la mano.*)

CAPITÁN.- Te estoy diciendo que es manso. Mira: ¿quieres que te tire al mar y que el te saque inmediatamente?

LEVSHÁ.- Querido amigo, deja que te bese, ¿quieres? (*Se besan.*) ¡Bueno, está bien, me dejo; cógeme, échame a tu diablo... de aritmética; vaya, échame! (*El CAPITÁN levanta a LEVSHÁ para echárselo al DIABLO del pelo rojo; este alarga ya sus zarpas. Entra PLÁTOV corriendo. Al DIABLO rojo se lo traga la tierra.*)

PLÁTOV.- (*A LEVSHÁ.*) ¡Ah, ah, taimado, hijo de perra, te he cogido! No-o, de mi no te puedes esconder ni debajo de la tierra ni en el agua! ¡Te sacaré del fondo del mar! (*Coge a LEVSHÁ por el cuello y se lo planta delante.*) Bueno, habla: ¿dónde está la pulga? (*Sacude a LEVSHÁ.*) ¿Dónde?

LEVSHÁ.- (*Hace un gesto.*) Allá-á-á.

PLÁTOV.- ¿Dónde allá?

LEVSHÁ.- Por allá... se ha quedado, ¿sabe?, allá, donde estaban los artífices ingleses.

PLÁTOV.- ¡Ayayayay! ¡Me has matado, diablo maldito! ¡Estoy perdido, estoy perdido!

LEVSHÁ.- No..., no estamos perdidos. ¿Por qué perdidos? Esos estarán pronto aquí. Han salido corriendo detrás de nosotros como los perros de caza, sin tomar aliento... Pero ahí suenan las campanillas, ¿las oye? (*Se oye el tintineo de las campanillas del tiro de caballos de un carruaje. Aparece el QUÍMICO-MECÁNICO y, detrás de él, el ARTÍFICE.*)

QUÍMICO-MECÁNICO.- ¡Uf! ¡Señores! Por fin te

hemos alcanzado... ¡Dios te guarde, Plátov, cosaco del Don!

PLÁTOV.- ¡S-s-silencio! ¿Donde están el estuche y la pulga?

QUÍMICO-MECÁNICO.- Aquí lo tengo. (*Saca el estuche.*) Este mismo es.

PLÁTOV.- Pues bien: ¡si vosotros no habéis conseguido saber en que consiste el secreto..., ya podéis empezar a elevar una plegaria a vuestro Dios!

QUÍMICO-MECÁNICO.- ¡Sí, prueba a sacarle algo a ese! (*Indicando con el dedo a LEVSHÁ.*) Es muy astuto, es igual que una anguila, se escabulle siempre.

LEVSHÁ.- ¿Ha oído?

PLÁTOV.- (*Sacude a LEVSHÁ.*) ¡S-s-silencio, peste! (*Cambiando de tono.*) ¡Bravo, Levshá, no has deshonrado a Tula, no has revelado nada! (*Le sacude de nuevo.*) Bueno, ahora habla, individuo: ¿qué secreto habéis realizado en la pulga? Como no me lo digas, no te quedan más de cinco minutos de vida; ahora mismo nos llevarán a presencia del zar y nos habrá llegado la última hora, a mí y también a ti.

LEVSHÁ.- ¿Y si no hubiese ningún secreto? (*Apretando los dientes.*) Pero quizá lo haya. Ahora mismo... lo diré... todo; vamos fuera...

PLÁTOV.- (*Furioso.*) Pues bien: si vuelvo con vida

de ver al zar, yo te haré ver, con la ayuda de Dios...
(*Amenaza a* LEVSHÁ *con el puño. A los* SILBADO-
RES.) ¡Cuidad de este hijo de perra y tenedle bien
sujeto!

LEVSHÁ.- ¡Eh, Levshá, guapo mozo, te has jugado tu
destino! (*Los* SILBADORES *se lo llevan.*)

QUÍMICO-MECÁNICO.- (*Al* ARTÍFICE.) ¿Su reloj
marca menos cuarto?

ARTÍFICE.- Son menos cuarto.

QUÍMICO-MECÁNICO. Y en el mío... (*Hace ademán
de sacar el reloj. Sale solo la cadena.*) ¿El reloj?... ¡Me
lo han quitado! ¡Señores! (*Sale corriendo; detrás de él
se va el* ARTÍFICE. *En este momento se oyen los acordes
de una marcha; entran los* GENERALES *y el* ZAR.)

EL ZAR.- Bien, buenos días.

Los GENERALES.- Dios salve a vuestra majestad.

EL ZAR.- (*Mirando a su alrededor.*) ¿Y dónde anda
ese..., cómo se llama?

Los GENERALES. (*Se apresuran a ponerse delante del
ZAR.*) ¡Estamos aquí, majestad! ¡Estamos aquí, majestad! ¡Estamos aquí!...

EL ZAR.- ¿Y a mí qué falta me hacéis vosotros? Pero
ese..., ¿cómo se llama?... ¡Plátov!

KISELVRODE.- (*A* PLÁTOV.) Vaya, amiguito, ha llegado tu hora; el zar te llama.

PLÁTOV.-. ¡Se acabó! ¡Estoy perdido, no doy por mi vida ni una brizna de tabaco! (*Sigue a KISELVRODE.*)

EL ZAR.- Y bien, cosaco del Don, Plátov, buenos días.

PLÁTOV.- (*Gritando a pleno pulmón.*) ¡Dios salve a vuestra majestad!

EL ZAR.- ¿Dónde has estado? ¿Qué has visto?

PLÁTOV.- Pues de todo un poco: he estado, de acuerdo con la orden de mi zar, en el Don apacible.

EL ZAR.- Bueno, haz un informe acerca de las luchas internas de que hayas oído hablar entre los cosacos.

PLÁTOV.- Habéis de saber que de esto yo solo puedo hablaros en secreto y al oído.

EL ZAR.- Bueno, dímelo a la oreja; acércate. (*PLÁTOV se aproxima al trono y cuchichea algo al oído del ZAR. A PLÁTOV.*) Bueno. Está bien. ¿Y no tienes nada más que decirme?

PLÁTOV.- ¡Hum..., hum! (*Los GENERALES se ponen de puntillas para ver mejor; cuchichean entre sí.*)

EL ZAR.- (*A PLÁTOV.*) Pero ¿por qué, amigo, no cuentas nada del asunto más importante? (*Amenazándole.*) ¿eh-eh? ¿Cómo han quedado tus artífices de Tula ante el infusorio ingles?

Los GENERALES.- ¡Se terminó! ¡Plátov está liquidado! ¡Se llamaba Mishka!

PLÁTOV.- (*Se pone de rodillas.*) ¡Como usted quiera! Usted puede condenarme y puede perdonarme. Solo que el condenado infusorio sigue teniendo las mismas dimensiones y, hay que confesarlo, los artífices de Tula no han sabido hacer nada mejor.

EL ZAR.- ¡Eso, amigo, no me lo puedes hacer creer! ¡Tú eres un viejo macho, pero lo que me estás contando no puede ser, es imposible! ¿Has comprendido?

PLÁTOV.- (A grito pelado.) ¡Sí, vuestra majestad, no puede ser, es imposible! (*Cambiando de tono.*) Sin embargo, aunque me cueste la vida, la verdad es esa.

EL ZAR.- Pero tú..., ¿cómo te atreves a contradecirme, a mí, al zar? ¡Traéla! (*PLÁTOV vacila.*) ¿No has oído? ¿O es que estás un poco duro de oídos? Tráela inmediatamente, ¿me oyes? (*PLÁTOV entrega el estuche al ZAR. El ZAR lo abre; mira.*) ¡Qué brujería! Efectivamente, el aspecto de la pulga sigue siendo el mismo. Pero no puede ser, no me cabe la menor duda de que los artífices de Tula han hecho algo... (*Al oír la canción patética que LEVSHÁ toca en el acordeón.*) Espera. ¿Quién es ese que está tocando una cosa tan agradable?

PLÁTOV.- ¡Eso es ese..., uno `de Tula..., un haragán..., ayayayay! (*Se pone furioso.*)

EL ZAR.- Vaya, ve a preguntar a ese de Tula cómo hay que mirar nuestra pulga estatal. (*PLÁTOV sale.*) No, ciertamente, tienen que haberle hecho algo... (*Prueba a coger la pulga.*) ¡Ah, que se vaya al infierno! Mi dedo es demasiado grueso, no sirve.

Los GENERALES.- ¡Mójese el dedito con saliva, majestad! Lamiéndolo... ¡Con la puntita, con la puntita de la lengua!

KISELVRODE.- Permitidme que se lo lama yo...

EL ZAR.- Pero ¡vete al diablo!

PLÁTOV.- (*Vuelve; se acerca al ZAR.*) Así, pues, dice el de Tula, el tal Levas, que la pulga hay que examinarla con el microscopio más pequeño; entonces se verá todo.

EL ZAR.- (*Grita, rabioso*) ¡Traed aquí el microscopio más pequeño!

KISELVRODE.- ¡Que traigan el telescopio! (*Inmediatamente diez GENERALES traen corriendo un enorme tubo, lo plantan a través de la sala de modo que un extremo del mismo apunta hacia el público; ante el otro extremo mantienen el estuche con la pulga.*) Por favor, majestad. Como suele decirse, todo está preparado: el trineo hasta Kazán, la lengua hasta Kiev.

EL ZAR.- (*Mira por el microscopio.*) ¡Ah, ah! ¡Oh,

oh!... Así, así. Así… ¡Puf! ¡No se ve ni gota! Llamad a ese…, a ese…; al médico-farmacéutico.

KISELVRODE.- ¡Traedle! ¡Llamadle! (*Los GENERA-LES salen corriendo.*)

MÉDICO-FARMACÉUTICO.- (*Entra.*) ¡Eh, eh, esto es cosa nuestra! (*Pone el microscopio a punto.*) Uno, dos, tres. ¡Pronto! ¡Por favor!

EL ZAR.- (*Mira por el microscopio.*) ¡Ah, ah! ¡Venga, venga! Dadle la vuelta... Así... De costado... Sobre la panza... ¡Puf! Pero ¿qué es esto? ¡Está todo igual que antes! (*A PLÁTOV.*) ¡Trae aquí a ese de Tula! (*PLÁTOV vacila. El ZAR le dice, severísimo: ¿Y bien? (Golpea el suelo con el pie.*) Tráele, te estoy diciendo; de lo contrario, te las verás conmigo... ¿Sabes como las gasto?

PLÁTOV.- (*Sale corriendo, rezando una plegaria.*) Señor, recuerda al zar David y su extrema bondad... ¡Santo, santo, santo! (*Los SILBADORES conducen a LEVSHÁ. Este lleva una pernera del pantalón metida en la bota; la otra, fuera. Lleva el cuello descosido, pero, a pesar de esto, avanza con aire resuelto, ya sea debido a su extrema desesperación, ya a los efectos de la borrachera que lleva encima. Detrás de el caminan el CAPITÁN y PLÁTOV, quien empuja a LEVSHÁ por un costado.*) Avanza, diablo; ha llegado el momento; confía solo en ti. ¡Huyuyuyuy!

LEVSHÁ.- Y a mi eso, ¿qué? ¡Iré y contestaré, técnicamente! (*Silba entre dientes. Se acerca al* ZAR *llevando el acordeón. Saluda.*)

EL ZAR.- Buenos días. ¡Hum, vaya, cómo está! Y bien, explica un poco, amigo. ¿Qué significa esto? Hemos mirado con el microscopio de todas las formas posibles y no hemos visto nada extraordinario. ¡Trabajáis mal vosotros, mal, muy mal! He dicho.

LEVSHÁ.- El que usted haya mirado no quiere decir nada; hay que saber adónde se mira. De lo contrario, es lo mismo que si un carnero mirase una puerta nueva... Sí.

Los GENERALES y KISELVRODE.- ¡Chis! ¡Chis!

EL ZAR.- Dejadle en paz; que conteste como sepa. (*A* LEVSHÁ.) Bien, mira tú mismo; no se ve nada.

LEVSHÁ.- Pues yo le digo que necesitan abrir más los ojos, sí. Así, claro esta, no se puede ver nada. Porque nuestro secreto es excepcional...; por su tamaño es incomparablemente más pequeño.

EL ZAR.- Pero di: ¿cuál es el secreto?

LEVSHÁ.- (*Entre dientes.*) ¡Ah! Parece que sí, ciertamente...

EL ZAR.- ¿De veras? ¿Lo juras?

LEVSHÁ.- Sí, que es.

EL ZAR.- ¿Y cómo se podría ver vuestro secreto?

LEVSHÁ.- Si, pongamos por ejemplo, yo digo que una patita de la pulga... se metiera debajo del microscopio..., por ejemplo..., así. Y si se puede ver, técnicamente, las plantas de las patitas de la pulga. Y como es aquí donde está escondida la sorpresa..., por favor, pues...

EL ZAR.- Ve, explícaselo; el pondrá inmediatamente todo a punto, según la ciencia. (*LEVSHÁ se dirige al microscopio sin apresurarse. PLÁTOV va detrás de él, apretan do los puños de impaciencia.*) ¡Venga, rápido, amigo, como sea!

LEVSHÁ.- (*Dirigiéndose al ZAR.*) ¡Deprisa! ¿No has oído decir que lo que se hace deprisa..., por ejemplo..., son los niños... a ciegas?

PLÁTOV.- Silen... (*Se tapa la boca.*)

MÉDICO-FARMACÉUTICO.- (Pone a punto el microscopio.) ¡A la una, a las dos, a las tres..., tenga la bondad!

LEVSHÁ.- (*Al ZAR.*) Bueno, ahora se puede mirar. ¿Acaso a mi me disgusta que se vea? (*Se va al lado del CAPITÁN, se sirven vino y beben.*)

EL ZAR.- (*A los GENERALES, que se han agolpado al lado del microscopio y le molestan.*) ¡Fuera de aquí! ¡Largo de aquí! (*Los GENERALES se escapan en todas direcciones. El ZAR mira a través de la lente. PLÁTOV está a un lado; comienza a hacer la señal de la cruz y no termina, comienza de nuevo y tampoco; no aparta la vista del* ZAR.) Pero esta pulga ha sido... ¡Esto sí que está bien! ¡Así revientes! ¡Ayayayayay!

Los GENERALES, PLÁTOV y KISELVRODE.- (*Se lanzan hacia adelante.*) ¿Qué es? ¿Qué pasa? ¿Qué hay?

EL ZAR.- (*Radiante.*) ¡Y bien, miren, tengan la bondad! Pero ¡esos, los bribones, se las han ingeniado para herrar a la pulga inglesa! Han herrado el infusorio, ¿qué les parece? (*Mira de nuevo a través del microscopio.*) ¡Espera, aguarda, espera! Y que es eso que hay ahí todavía? ¡Gira un poco más! (*La herradura se hace mayor; se ven unas letras. El* ZAR *lee.*) "Egu. Arm. He..." (*A* LEVSHÁ.) ¡No está bien, no está bien! ¿Por qué habéis escrito esas palabras? ¡No está bien!

LEVSHÁ.- ¡Qué ignorante! Mira..., hizo y no hecho...

EL ZAR.- Mira tú mismo...

LEVSHÁ.- Te pasa con esto como con lo de darse prisa. ¿Cómo es que no has caído en ello? "Arti Egúpik, armero, hizo." Es su firma.

EL ZAR.- Entonces, ¿resulta que hasta ha firmado? ¡Ah, qué diablura! ¡Ayayay! ¡Miren, se lo ruego! ¡Qué bribones! (*Todos se lanzan hacia adelante para mirar.*)

PLÁTOV.- (*Gritando.*) ¡Fuera de aquí! ¡Fuera de aquí, vejestorios! (*Aparta a todos a un lado y se abre paso a* codazos. *Mira ansiosamente por el microscopio. Después corre hacia* LEVSHÁ.) Hermano... (*Se da golpes en el pecho; le faltan palabras; contempla con admiración a* LEVSHÁ.) ¡Eh! (*Saca del bolsillo un vasito, se lo tiende al* CAPITÁN *para que lo llene y brinda con* LEVSHÁ.) Vaya... ¡Ay!, que te cojo... ¡Está bien, vive, concedido! ¡Caramba! ¡Lo perdono! ¡Lo perdono todo!

EL ZAR.- (*A* PLÁTOV.) Donde andan tus ingleses? ¡Tráelos aquí! (PLÁTOV *sale corriendo a buscar a los ingleses.*)

QUÍMICO-MECÁNICO.- (*Tirando al suelo el gorro y los anteojos del Médico se acerca al* ZAR.) Heme aquí; yo soy el químico-mecánico inglés y estos son mis queridos compañeros; nosotros podemos hacer en un instante una pulga y otras maravillas...

EL ZAR.- Bueno, bueno; mira: ¿qué opinas de nuestra técnica de Tula en comparación con vuestra pulga científica?

ARTÍFICE. (*Mira.*) La han herr..., herr..., herrado, ¿eh? ¡Sí, eso es cosa del diablo!

QUÍMICO-MECÁNICO.- (*Mira.*) ¡Sí! ¡Esto no es un pueblo, son bárbaros, ni más ni menos!

EL ZAR.- (*Contento.*) ¡Ayayayay!

LEVSHÁ.- (*Al* QUÍMICO-MECÁNICO.) Qué, cabeza calva, ¿has visto? (*Le hace un gesto de escarnio.*)

QUÍMICO-MECÁNICO.- Aún ha de verse a quién le funciona la cabeza como es debido y a quién no. Tu prueba a darle cuerda.

LEVSHÁ.- ¿Qué quieres decir con eso? La doy cuer..., cuerda. Es sencillísimo... (*Da cuerda. Comienza a oírse la música. Drin..., drin..., y se para.*) ¿Qué..., qué es esto? Espera... ¿Será que..., que no puede..., no puede bailar ya?

QUÍMICO-MECÁNICO.- ¿Bailar? No puede.

LEVSHÁ.- (*Aterrorizado.*) ¿Quieres decir que la hemos... es..., es..., estropeado? ¿Nosotros? ¿Yo?

QUÍMICO-MECÁNICO.- Tú. ¿Te acuerdas de lo que te decía yo de la aritmética? Ahí tienes la prueba; ahí.

LEVSHÁ.- (*Se golpea la frente.*) ¡Mastín! ¡Diablo! ¡Mequetrefe! (*Agita la pulga. Desesperado.*) ¡No..., no, no baila! (*Se dirige con los puños en alto contra el QUÍMICO-MECÁNICO.*) ¡Vete! Tú, tú..., ¿por qué me has dicho eso? ¡Vete de aquí! ¡Vete de aquí, maldito! ¡Vete, no vaya a suceder una desgracia! (*El QUÍMICO-MECÁNICO se va.*)

CAPITÁN.- (*A LEVSHÁ.*) ¡Permíteme..., permíteme que me vaya, amigo!

LEVSHÁ.- No baila... ¡Estoy perdido, querido amigo! ¡Tú comprendes, no baila!

CAPITÁN.- ¡Toma, toma! Bebe de prisa... Englute, querido... (*Da a beber vino a* LEVSHÁ.)

LEVSHÁ.- (*Chocándole ya los dientes, bebe.*) ¡Ay!... ¡Nuestra vida... vale cinco "kopecks", el destino es idiota! ¡Bien, si hay que morir, mejor será morir con música! (*Se pone a tocar el acordeón.*)

KISELVRODE y los GENERALES.- (Se lanzan sobre LEVSHÁ.) ¡Chis, chis, chis! ¿Estás loco?

EL ZAR.- (*Se vuelve hacia* LEVSHÁ.) Pero ¿estás todavía aquí? ¡Y yo que me habla ya olvidado de él! (*Se aproxima a* LEVSHÁ.) Y bien, hermano, ¿te das cuenta del placer que me has causado? Gracias. (*Le abraza y le besa.*) Pide, Levshá, ¿qué es lo que quieres? ¿Quieres que te nombre ahora mismo general retirado?

LEVSHÁ.- (*Señala con el dedo a los* GENERALES.) ¿Y tendría que ser como estos cal-calvos? (Entre dientes.) No estoy de acuerdo en ser calvo. Porque entonces Mashka no me querría; he aquí el porqué. Solo ella me ha quedado...

CAPITÁN.- (*Ya muy borracho, moviendo la cabeza.*) ¡Es, es justo, amigo!

EL ZAR.- En ese caso, te regalo una casaca de gala de un corista de la Corte. Traed aquí la casaca. ¡Eh! ¡Rápido! (*Traen la casaca; le hacen ponérsela. La casa-*

ca le sienta igual que si se la hubiesen puesto a una percha. Con tono solemne.) Conde de Kiselvrode, te ordeno delante del pueblo: da a este bribón tanto dinero como quiera. ¡Dale sin economizar! (*Dirigiéndose a todos.*) Vaya, yo me voy a dormir. ¡Eh, músicos, tocad la marcha del recogimiento! (*Al son de la "marcha del recogimiento" se retira el ZAR seguido de los GENERALES.*)

KISELVRODE.- (*Se acerca a LEVSHÁ.*) ¿Has oído? Pues bien: pide, pero no pidas mucho, cariño.

LEVSHÁ.- (*Habla ya con dificultad debido a su estado de embriaguez.*) ¡Para..., para... Mashka... quiero cien rublos en monedas de oro y treinta de plata, y un "pud" y tres cuartos en billetes!... Solo tengo a ella..., y... baila...

KISELVRODE.- Para que te den esto, mañana, amigo, presentaré la petición. Y ahora el zar te regala veinte "kopecks" de su bolsillo, como suele decirse. ¡Vaya, vete, vete, no hay más!

LEVSHÁ.- (*Mira la moneda de veinte "kopecks".*) ¡Eh, la vida es corta! ¡No..., no veré yo más a mi Mashka! (*Al CAPITÁN.*) ¡Vámonos de aquí, querido amigo! (*Se van. Sobre las gradas, LEVSHÁ se pone a tocar el acordeón.*) Tula, Tula, si estas rodeada...

AGENTE DE POLICÍA.- (*Aparece y sube las gradas,*

colocándose al lado de LEVSHÁ.) ¡Qué traje es este! ¡Esté terminantemente prohibido!

LEVSHÁ.- (*Cesa de tocar, se golpea el pecho.*) Dentro de mí... quizá se me ha debido de hacer trocitos el hígado, porque he estropeado todo... Y él... "Está prohibido." ¡Eh, vete!... (*Se acompaña de nuevo con el acordeón.*) ¡Tula-Tula-Tula, ay Tula, patria mía!

AGENTE DE POLICÍA.- Pi-pi-pi. (*Silba. Aparecen más AGENTES y el PORTERO.*)

LEVSHÁ.- (*Al CAPITÁN.*) He aquí, amigo: a ustedes esto se lo hacen ver pagando; en cambio, a nosotros... nos enseñan a los faraones gratis... Ay Tula, Tula, te han engañado y te han hundido triunfalmente...

AGENTE.- (*A los POLICÍAS.*) ¡Pegadle fuerte!

LEVSHÁ.- No me toquéis... la casaca..., cas... cas... (*Se calla. Los POLICÍAS, alrededor de él, le golpean.*)

CAPITÁN.- (*Corre muy agitado en torno de ellos, grita.*) ¡Deténganse, paren! ¡No tienen derecho! ¡Es un hombre..., una persona! ¡Paren!

AGENTE.- Así. En la nariz. En la cara. En el cuello. (*Los GUARDIAS tiran a un rincón a LEVSHÁ, que ni se mueve ya. El PORTERO barre con la escoba las huellas de la paliza. Se van.*)

CAPITÁN.- (*Corre al proscenio.*) ¡Ay señores! ¡Le han asesinado! ¡Le han asfixiado! ¡Ay Señor! (*Sale *huyendo; las últimas palabras se oyen en la lejanía. Inmediatamente queda a oscuras la escena. En el proscenio aparecen los CALDEOS.*)

CALDEA, MUCHACHA MASHKA. (*Llorando.*) ¡Ay pichoncito mío hermoso! ¿Por qué me has abandonado?

CALDEO l.º- ¿Qué es esto? Pero ¿qué es esto? ¡Mira que son estúpidas las mujeres! Y bien, ¿por qué lloras?

MASHKA.- Siento tanta pena por Levshá. No volveré a ver a mi querido hasta que me muera.

CALDEO l.º- ¿Y para qué estoy yo? ¡Mira! (*Silba con los dedos. Encima del escenario se enciende una luz. De la bóveda cae LEVSHÁ con su acordeón en las manos. Se levanta y corre hacia la CALDEA.*)

LEVSHÁ.- ¿Eres tu, Mashka?

MASHKA.- ¡Levshá, guapo mío!

LEVSHÁ.- ¡Mashka! ¡Eh, Mashka!

MASHKA.- ¿Qué?

LEVSHÁ.- ¡Vamos a hacernos el amor! (*Salen lentamente. LEVSHÁ va tocando el acordeón.*)

QUÍMICO-MECÁNICO.- (*Al público.*) Me congratulo con ustedes de que este alegre final no se haya hecho esperar. ¡Rogamos al respetable público que en el futuro no nos olvide!

TELÓN

Bocetos de trajes, telón y decorados para *La pulga* realizados por Boris Mikhailovich Kustodiev en 1926

Boceto del telón

Boceto del decorado para las escenas en Palacio

Boceto del decorado para las escenas en Tula

Boceto del decorado para las escenas en Inglaterra

Ivan Turguenev:
Hamlet y Don Quijote

Manuel Azaña:
Cervantes o la invención del Quijote

Marcel Proust:
El caso Lemoine

Wilhelm Dilthey:
Satanás en la poesía cristiana

Vladimir Maiakovski:
La chinche

Ramón Gómez de la Serna:
Gérard de Nerval, una vida

John Reed:
Pancho Villa (1878-1923)

Yvonne Bourget:
Sarah Bernhardt, actriz (1844-1923)

Luigi Pirandello:
Enrique IV

G. K. Chesterton:
Magia

R. W. Emerson:
Shakespeare y Goethe

André Gide:
Oscar Wilde: in memoriam

www.archivosvola.es